Covid-19 ist die Hefe der Digitalisierung: Home-Office, Fernunterricht, Online-Shopping, Video-Streaming und Corona-App – wir erleben einen Sprung in die Zukunft, den es in Echtzeit zu begreifen gilt. Roberto Simanowski unternimmt diesen Versuch und entziffert verschiedene Phänomene des Corona-Alltags aus einer kultur- und medienwissenschaftlichen Perspektive: das Bildschirm-Meeting als Enthüllung des Optisch-Unbewussten, die Corona-App als Machtkampf zwischen Technologie und Gesellschaft, die IT-Unternehmen als fünfte Gewalt, die Anti-Corona-Proteste und Verschwörungstheorien als Nebenwirkungen des Internets. Das Fazit ist überraschend und bestürzend: So wie die Corona-Krise die Digitalisierung beschleunigt, so beschleunigt diese den Ausbruch der Infodemie, die auf eine viel bedrohlichere Krankheit verweist: Die Krise der Demokratie.

Roberto Simanowski, geboren 1963, war bis 2018 Professor für Kultur- und Medienwissenschaften in den USA, Hongkong und in der Schweiz und lebt seitdem als Publizist in Berlin und Rio de Janeiro. Sein Buch *Todesalgorithmus. Das Dilemma der künstlichen Intelligenz* erhielt 2020 den Tractatus-Preis für philosophische Essayistik.

DAS VIRUS UND DAS DIGITALE

PASSAGEN THEMA

Roberto Simanowski
Das Virus und das Digitale

Passagen Thema
herausgegeben von
Peter Engelmann

Passagen Verlag

Deutsche Erstausgabe

Die Deutsche Nationalbibliothek verzeichnet diese Publikation in der Deutschen Nationalbibliografie; detaillierte bibliografische Daten sind im Internet über http://dnb.dnb.de/ abrufbar.

ISBN 978-3-7092-0463-4

Grafisches Konzept: Gregor Eichinger
Satz: Passagen Verlag Ges. m. b. H., Wien
http://www.passagen.at
Druck: Ferdinand Berger & Söhne GmbH, 3580 Horn

Inhalt

Vorbemerkung 13

Prolog 17

Shutdown 23

Trac(k)ing-App 41

Screen-Mining 55

Deplatforming 71

Infodemie 85

Epilog 115

Anmerkungen 125

für Luciana
zumal jetzt

Vorbemerkung

„Es war die perfekte Krise in doppelter Hinsicht: Keiner hatte sie gewollt, aber alle mussten mit ihr umgehen, sie war völlig unpolitisch, aber voller politischen Sprengstoffs […] Viele beschreiben jene Jahre als eine Zeit des informellen Bürgerkriegs. Denn der Unmut, Frust und Protest war unübersehbar und äußerte sich verstärkt auch auf der Straße. Andere kennzeichnen die Pandemie als Zeit der Einkehr und Offenbarung, als Beginn einer neuen gesellschaftlichen Gesinnung. Denn am Ende war unverkennbar, dass die westlichen Demokratien den Herausforderungen des 21. Jahrhunderts nur gewachsen sind, wenn sie wieder lernen, das Wohl der Gemeinschaft über die Interessen des Einzelnen zu stellen. Es galt, die Pandemie als Gelegenheitsfenster für eine alternative Politik zu verstehen. Manche sehen deswegen in dieser Krise sogar einen Testlauf für den Kampf gegen den Klimawandel, eine These, die angesichts der Folgejahre allerding nicht unumstritten ist.“[1]

Es war die Stunde des Staates und der Nation. Es war die Stunde der Exekutive – und der Virologen. Irgendwann war es kurz auch die Stunde der Soziologie. Dann schien es immer mehr die Stunde der Proteste zu sein. Und es gab die Forderung, dass es wieder die Stunde des Parlaments werden sollte. Die Stunde der Medienwissenschaft war es nie. Anders als im Fall der Soziologie erhoffte man sich von der Medienwissenschaft keine Ratschläge zur aktuellen Situation. Es war ja alles klar: Home-Office ist unvermeidbar, also auch Zoom oder eine vergleichbare Software; Corona-App musste kommen, für die Einzelheiten sorgten die Datenschützer; Online-Shopping wuchs ebenso wie Video-Streaming, aus naheliegenden Gründen; und wer wollte jetzt etwas gegen Facebook oder andere Orte der kollektiven Tröstung sagen. Allen war klar: Digital ist das neue Normal. Worauf es jetzt ankam, war Medienkompetenz, nicht Medienwissenschaft.

Medienwissenschaftler sehen das naturgemäß anders. Gerade weil die Pandemie ein gewaltiger Digitalisierungsbeschleuniger ist, braucht es zeitgleich eine aufmerksame Beobachtung. Medienwissenschaftler wissen: Medien vermitteln zwischen A und B und kaschieren dabei, wie sehr die Vermittlung nach ihren Regeln erfolgt. Darin liegt die permanente Gefahr der Medien für die Gesellschaft: ihre Unsichtbarkeit, ihre Durchsichtigkeit, ihr intuitives Design. Die Mediengestaltung verbucht es als Erfolg, wenn alles ganz schnell ganz normal ist. Die Medienwissenschaft sieht ihre Aufgabe darin, den Blick zu schärfen für das, was sich dem Blick entzieht: die wahrnehmungspsychologischen Aspekte des Interface, die kulturellen Folgen dieser Aspekte, ihre ökonomischen Gründe, ihre politischen Konsequenzen. Für Medienwissenschaftler liegt die Botschaft nicht nur als Schreiben in der Flasche, die ans Ufer treibt, sondern auch in der Flasche selbst, die den Empfänger anders mit der Absenderin verbindet als ein Brief von der Post oder eine E-Mail, die gleich zu beantworten ist. Medienwissenschaftler fragen weniger nach der Information, die das Medium von A nach B bringt, als danach, wie das *Medium* die Menschen in/formiert.

Denn die Botschaft, so eine ihrer Grundthesen, liegt immer im Medium selbst: Es hat die Macht, seine eigenen Postulate dem Ahnungslosen aufzuzwingen.[2] Aus dieser These resultiert die gesellschaftliche Aufgabe der Medienwissenschaft: die Frage nach der kulturstiftenden Funktion der Medien.

Das vorliegende Buch bietet Betrachtungen in diesem Sinne. Betrachtungen zu den medialen Aspekten der Pandemie und ihren kulturellen wie politischen Folgen: zum Selbstfindungspotenzial der Entschleunigung und den Gefahren der verstärkten Digitalisierung der Gesellschaft (*Shutdown*), zur Corona-App als Machtkampf zwischen den technischen Möglichkeiten und den politischen Prinzipien einer Gesellschaft (*Trac(k)ing-App*), zur Bildschirm-Konferenz als Enthüllung des Optisch-Unbewussten und anderer Geheimnisse (*Screen-Mining*), zu den IT-Unternehmen als gesellschaftlichem Machtfaktor (*Deplatforming*), zu den Anti-Corona-Protesten und Verschwörungstheorien als Nebenwirkungen des Internets (*Infodemie*). Es sind Betrachtungen, die in Echtzeit entstanden, vor Ort gewissermaßen, seit dem in Nashville, Tennessee, erlebten Lockdown Mitte März und der Rückkehr nach Berlin Ende April.[3]

Eine Pandemie ist mehr als ein Zeitraum, in dem man sich vorübergehend einrichtet. Sie ist ein Aktant, der Konstellationen schafft und Aktionen erzwingt. Sie beschleunigt den Digitalisierungsprozess der Gesellschaft und demonstriert ihre politischen Spannungen. Sie ist ein Gelegenheitsfenster für alternative Politik, aber auch für den Durchbruch dessen, was schon lange schleichend am Werk war. Was bleibt und was davon gut zu nennen ist, das wird erst in der Distanz sichtbar sein. Aber was auch immer diese Pandemie mit sich bringt, dies scheint sicher: In der historischen Betrachtung wird man 2020 als das Corona-Jahr bezeichnen, das Jahr der Gesundheitskrise, an dessen Anfang uns ein Virus überraschte, für das es zum Jahresende einen Impfstoff gab. 2019 wird als das Jahr der Klimakrise in die Geschichtsbücher eingehen. 2021 als das Jahr der Demokratiekrise. Keine dieser Krisen wird 2022 gelöst sein. Aber vielleicht wird man angefangen haben, ihren Zusammenhang besser zu verstehen.

Berlin, 10. Januar 2021

Prolog

Alle wollten sie Sex. Oder zumindest Fun. Jedenfalls waren sie sehr jung und laut und high. Und sie trugen, passend zur Hitze und Nähe des Atlantiks, nur Bikinis und Badehosen. Studienanfängerinnen, die ihre Frühjahrsferien in Miami, einem der wärmsten Orte der USA zu dieser Zeit, verbrachten und, gerade mal ein halbes Jahr befreit von den Eltern und der Kleinstadt in Ohio oder Kentucky, nur das eine wollten: das Leben genießen. In ein paar Tagen würden sie das Corona-Virus in die verschiedensten Teile der USA bringen – manche würden dabei nicht mehr als ein Kratzen im Hals verspüren, manche würden schuld sein am Tod der Großeltern.

Es war der 5. März 2020; wir befanden uns im SLS Hotel in Miami South Beach, an das der Bereich mit der Spring Break Party grenzte. Covid-19 war noch ein Problem anderswo, weit weg in Wuhan oder China. Das änderte sich schnell, wie vieles damals. Als wir fünf Tage später wieder in Nashville, Tennessee, ankamen, war der Beschluss schon gefallen, die Fortführung des Lehrbetriebs um eine Woche zu verschieben. Drei Tage später rief der Präsident der Vereinigten Staaten den nationalen Notstand aus, am 13. März, zwei Tage nachdem die WHO das erste Mal von einer Pandemie gesprochen hatte. Für uns hieß das: Fortan nur noch Unterricht am Bildschirm, Restaurants nur noch als Take-out und sechs

Wochen Hausarrest. Plötzlich waren wir eingesperrt, in einer Wohnung, die nicht unsere war, in einer Stadt, die wir nicht sonderlich mochten, in einem Land, zu dem wir nicht gehörten. Dabei hatte das Jahr so gut angefangen.

Am 1. Januar 2020 um sieben Uhr morgens saß ich in einem Berliner Taxi zum Flugzeug nach Nashville, im Kofferraum zwei große und zwei kleinere Gepäckstücke, neben mir ein zweijähriger West Highland White Terrier, der noch etwas durcheinander war von all dem Krach der letzten Nacht, aber auch schon gespannt aufs neue Abenteuer. Es war seine zweite große Reise. Die erste, ein Jahr zuvor, hatte ihn nach Rio de Janeiro geführt, zur Familie meiner Frau. Meine Frau war auch jetzt in Rio, noch beim Feiern am Strand von Ipanema, wie ich gerade am Telefon sah. In einer Woche würde auch sie nach Nashville kommen.

Wir waren sehr gespannt auf dieses halbe Jahr USA, wo meine Frau einmal studiert und ich einmal zehn Jahre gelebt hatte, erst als Nachwuchswissenschaftler, dann als Professor an einer Universität in New England. Nun kam ich zurück als Gastprofessor in die Südstaaten, im Gepäck ein Seminar zur Perspektive der deutschen Medienwissenschaft auf den Prozess der Digitalisierung. Es gab viele Anmeldungen vor allem von Doktorand/innen, was spannende Sitzungen versprach. Auch der Workshop zu Kosmopolitismus und sozialen Netzwerken, den ich mit meiner Frau anbot (Kosmopolitismus war ihr Forschungsfeld), traf auf großes Interesse. Alles versprach „a good time“ zu werden, wie man hier sagt.

Nach der Erklärung des nationalen Notstands schickten die Universitäten die Spring-Break-Fun&Sex-Superspreader und alle anderen Studenten nach Hause.

Unterricht fand nur noch am Bildschirm statt. Ich sah keine meiner Kolleginnen am Department je anders wieder als in einem Zoom-Meeting. Vorbei die Pläne, mal zum Dinner zu Hause vorbeizukommen oder sich zumindest zu einem Kaffee zu treffen. Vorbei auch die Pläne, übers Wochenende und nach dem Semester Freunde in Bloomington, Boston, Seattle und New York zu besuchen.

Nur der Hund freute sich, der nun auf dem verwaisten Campus leinenlos Eichhörnchen jagen durfte. Auch das änderte sich aber bald, als ihm klar wurde, dass wir ihn von anderen Menschen und Hunden fernhielten. Dabei liebte er die Leute hier, die sich immer mit solch süßer Stimme zum Streicheln zu ihm bückten. Die Manager in unserem Apartmenthaus wollten ihn im April sogar zum „Pet of the month" machen: Dann würde er sich bei jedem Gassigehen auf dem Bildschirm in der Eingangshalle sehen! Warum war jetzt alles anders? Und wie passte das zu den vielen Leckerlis, die es plötzlich gab! Erst Wochen später durfte er wieder an anderen Hunden schnüffeln, nach der langen Reise, am Ort von vorher, als seine Besitzer aufgehört hatten, jede Banane und jede Flasche Bier, die ein Mann in großen Papiertüten ins Haus brachte, abzuwaschen.

Bald hieß es: Nein, das Virus ist keineswegs unparteiisch. Es trifft nicht unterschiedslos alle. Es trifft die Armen und die Afro-Amerikaner mehr als die weiße Mittelschicht. Der Grund war offensichtlich: Schlechte medizinische Betreuung, ungesunde Ernährung und enge Wohnverhältnisse sind keine guten Voraussetzungen, um einem Angriff auf das Immunsystem zu trotzen. Zu Ende gedacht hieß das auch: Das Virus trifft nicht jedes Land gleichermaßen. Es trifft vor allem die

Länder mit schlechtem Sozialsystem und durchschnittlich niedrigem Bildungsgrad. Der Erfolg des Virus wird die sozialen Vorbedingungen spiegeln, dachte ich, als wir zum Hundearzt fuhren, um die Papiere für die Ausreise in Ordnung zu bringen. Die Uber-Fahrerin hatte uns beim Einsteigen gefragt, ob irgendwer von uns niese oder sonstige Anzeichen von Erkältung habe. Sie dürfe sich das Virus auf keinen Fall einfangen, sie müsse eine alte Mutter versorgen. Sie, selbst längst jenseits der 50, fragte es in der leichtherzigen Art der Südstaatler. Die Angst dahinter war klar erkennbar, und sie war völlig berechtigt.

Wie soll ein Land ein Virus bekämpfen, dessen Bürger nicht zuhause bleiben, wenn sie eigentlich zuhause bleiben sollten, weil man sich den Verdienstausfall nicht leisten kann, wenn man von der Hand in den Mund lebt! Was waren die 1 200 Dollar Corona-Wirtschaftshilfe, die jeder Steuerzahler in den USA einmalig erhielt, gegen die 80 Prozent Lohnfortzahlung, die es in Deutschland für Corona-Kurzarbeit gab. Ohne Zweifel: Dieses Land war strukturell nicht auf den Solidarakt vorbereitet, der jetzt von allen im Interesse aller verlangt war. Auch mental war es weit davon entfernt, denn am unbedingten Individualismus zerbricht hier regelmäßig jeder Versuch staatlicher Regulierungen. Wer sich seine Waffe nicht nehmen lässt, wird sich auch keinen Maulkorb, wie die Masken bald genannt wurden, umbinden lassen. Da war es nur eine Frage der Zeit, bis paramilitärische Gruppen Politiker kidnappen, deren Anti-Corona-Maßnahmen ihre Freiheit einschränken – ganz abgesehen davon, dass dieses Land von einem Narzissten regiert wurde, der Maskenträger verspottete und öffentlich über die Injektion von Desinfektionsmitteln zur Virenbekämpfung sinnierte. Trump war die tägliche Widerlegung seiner These, dass

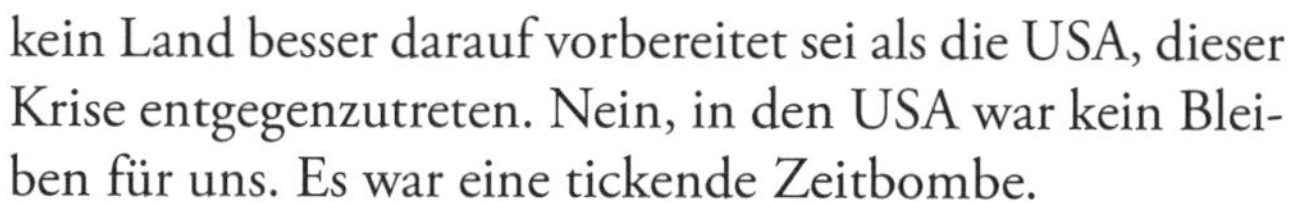

kein Land besser darauf vorbereitet sei als die USA, dieser Krise entgegenzutreten. Nein, in den USA war kein Bleiben für uns. Es war eine tickende Zeitbombe.

Und Brasilien, wo wir nach dieser Gastprofessur einige Monate hatten verbringen wollen? Weder das Sozialsystem noch der Präsident waren dort besser. Alle Freunde und Verwandten meiner Frau warnten uns davor, ins Land zu kommen. Seid froh, sagten sie, dass ihr einen deutschen Pass besitzt. Sie hatten Recht. Deutschland erschien in dieser Situation wie ein sicherer Hafen, den wir nur noch erreichen mussten – mit einem Flugzeug voller potenzieller Virenträger, wenn wir denn überhaupt in der Lage waren, ein Ticket zu bekommen.

Zwei Wochen nach dem Flug, während der wir wie vorgeschrieben nicht die Wohnung verlassen hatten, saß ich in Berlin mit einem alten Freund auf der Bank im Park vor unserem Haus, mit einem Bier, wie alle hier, jeder am Ende der Sitzfläche, bemüht, uns beim Sprechen nicht anzusehen. Nach der Nervenanspannung der Ticketbesorgung (die Fluggesellschaft kündigte zweimal kurz vor dem Termin einen Teil der Verbindung) erwies sich der Flug dann als äußerst stressfrei, wenn man die permanente Angst abzog, von diesem oder jener gerade angesteckt worden zu sein. Die Flughäfen waren so spärlich besucht wie wohl seit fünfzig Jahren nicht mehr. Es war, als hätten wir uns in die Vergangenheit gebeamt, wobei nicht auszuschließen war, dass wir eher die Zukunft des Reisens erlebten. Wir mussten auch keineswegs vom Flughafen nach Hause laufen. Es gab Taxis, und die Fahrer bedienten, wie wir von unserem erfuhren, den Flughafen sogar mit Vorliebe, weil ja niemand, der krank ist, sich auf eine so beschwerliche Reise begeben würde. Die Menschen hatten ihre Art gefunden, mit der Angst zu leben. So begrüßte uns die Heimat, die wir bisher nie so genannt hatten, an einem sonnigen Tag Ende April, dessen erstaunlich warmen Nachmittag wir auf unserem Balkon verbrachten, nachdem wir bei unserem Lebensmitteleinzelhändler einen Liefertermin noch für den selben Abend erhalten hatten. Wir fühlten uns gerettet. Dabei hatten wir keine Ahnung, was noch kommen würde.

Shutdown

Wie war das damals, als Covid-19 uns überfiel? Wir waren im Krieg. So sahen es viele, die noch nie einen Krieg erlebt hatten, darunter Politiker, die nun mit militärischem Vokabular hantierten. Auf jeden Fall war es das Ende des normalen Lebens. Keine Verdunklung zwar am Abend, aber Zuhausebleiben. Keine Einsamkeit bei so vielen Medien zur Hand, aber doch eine Unterbrechung des Alltags, die bedrückend war.

So seltsam entrückt war die Welt noch nie. So leer die Straßen am hellerlichten Tage. Manche dachten da an Katastrophenfilme oder zumindest Edward Hooper, heitere Naturen eher an den Verhüllungskünstler Christo, während die Melancholiker Lyrik dachten, nicht Goethes *Osterspaziergang*, sondern T. S. Eliots *Wasteland*: „April is the cruellest month“. Und jeden Tag sang man für jemand anderen „Happy Birthday to you“, zweimal hintereinander beim Händewaschen. Denn so lange, hieß es, ucht die Seife, um den unsichtbaren Feind zu erledin. Es war ein Krieg, der ohne viel Lärm an vielen Fronen geführt wurde.

Das Virus hatte die Qualität von Flugzugabstürzen und Naturkatastrophen, die der französische Soziologe Pierre Bourdieu einmal „Omnibus“-News genannt hatte: weil sie jeden Menschen gleichermaßen berühren, jenseits politischer Lager und weltanschaulicher Positionen.

Omnibus-News schaffen ein geeintes Publikum. Sie sind die Wunschmeldung der Nachrichtenmedien, die so ihre Reichweite und Auflage immens erhöhen können – wenn sie früher als die Konkurrenz berichten oder dramatischere Bilder bieten. Eine Pandemie ist ein Omnibus-Ereignis, das dauert und alle betrifft. Es gibt, abgesehen vom Nord- und Südpolareis, faktisch kein Außen mehr. Covid-19 ist ein „enemy of humanity", erklärte der Chef der WHO. Eine Erfahrung, die der Menschheit – trotz der nationalen Alleingänge, die es dann gab – lang nicht mehr vergönnt war.

Dass die Menschheit diese Erfahrung dennoch schnell wieder vergessen wird, legt der Blick in die Geschichtsbücher nahe: Die Spanische Grippe steht ganz und gar im Schatten des Ersten Weltkriegs, obgleich sie mindestens dreimal so viele Todesopfer forderte. Ein Ereignis, dem ein geheimer Plan und böse Menschen fehlen, lässt sich eben schlecht erzählen, es sei denn, es geschieht verschwörungstheoretisch. Und selbst dann fehlen die Helden, die wagemutig ihr Leben fürs Vaterland opfern.[4] Untergang ohne Glorie. Gerade deswegen aber sollte der Mensch sich diesmal erinnern. Denn auch im Kampf der Zukunft, im Kampf gegen den Klimawandel müssen die Menschen Opfer bringen, die nicht zum Heldenepos taugen. Es braucht eine Erinnerungskultur, die den Herausforderungen unseres Jahrhunderts entspricht. Diese Pandemie war eine Art Generalprobe. Aber das greift vor. Die Klimakrise war seit Anfang des Jahres kein Thema mehr. Zunächst galt es, Covid-19 zu überleben.

Natürlich fragten sich jetzt alle, wie lange dies noch dauert. Zugleich begann die Spekulation, was anders sein wird, wenn es vorbei ist. Die großen Gewinner dieser

Krise, das war schnell klar, werden die Dienstleister sein, mit deren Hilfe sich die nun gebotene „soziale Distanz" am besten durchsetzen ließ: soziale Netzwerke, Online-Shops, Telekommunikationsunternehmen, Lieferdienste, Anbieter von Überwachungssoftware für den Laptop der Angestellten, um auch in Zeiten des Home-Office die Arbeitsdisziplin zu sichern. Was vor Corona als „frictionless life" per Internet vermarktet wurde, war nun pandemiegemäß als „touchless life" der letzte Schrei: für Arbeitsbesprechungen, Seminare, Familienkonferenzen und ansteckungsfreie Corona-Partys. Und natürlich hatten die Dienstleister des Digitalen Recht: Die Trennung der Körper bedeutet nicht soziale Distanz. Im Gegenteil: In dieser Situation erlaubte gerade die Digitalisierung, soziale Kontakte aufrecht zu erhalten. Ein Salut auf das Silicon Valley!

Kein Wunder, dass sich der Aktienwert dieser Unternehmen seit Ende 2019 vervielfachte. Ein Wunder hingegen, sollte sich das mit dem Ende der Krise ändern. So war zum Beispiel von den Lehrkräften, die zuvor immer wieder betont hatten, wie wichtig aus sozialer und pädagogischer Sicht der Direktkontakt vor Ort sei, weniger Widerstand zu erwarten, nachdem sie endlich wussten, wie Zoom oder Webex funktioniert. Zugleich war klar: Es wird nun mehr Druck geben, an den neu erprobten Kommunikationsformen festzuhalten, zumindest als Hybridform von Präsenz- und Bildschirmunterricht. Man wird es Fortschritt nennen und darin zugleich ein probates Mittel sehen, die finanziellen Verluste der Krise aufzufangen.

Es dauerte nicht lange, bis es eine *Offensive Digitale Schultransformation* gab, die den Ausbau der digitalen Infrastruktur an Schulen forderte: als unverzichtbare

Voraussetzung nicht nur für die Aufrechterhaltung des Schulbetriebs in einer Pandemie, sondern auch, um für die Herausforderungen der Digitalisierung gewappnet zu sein. Sicher, es war beklagenswert, dass viele Schulen noch immer kein stabiles Internet hatten und manche Lehrer nicht wussten, wie man große PDF-Dateien verschickt, ganz zu schweigen von ambitionierteren Formen des Unterrichts am Bildschirm. Es ist beklagenswert, wenn die Schule wegen mangelnder Ausstattung und Ausbildung in einem Notfall wie diesem ihrem Bildungsauftrag kaum nachkommen kann. Aber warum sollte man am Fernunterricht selbst in postpandemischer Zeit festhalten, wie auch der Branchenverband der deutschen Informations- und Telekommunikationsbranche bitkom forderte: „Die Corona-bedingte Digitalisierung hat einen überfälligen Epochenwechsel in den Schulen eingeleitet. Das Rad dürfen wir nicht einfach zurückdrehen."[5] Immerhin: Bald gab es auch eine Offensive zur Verteidigung der Präsenzlehre im Hochschulbetrieb, die sich dagegen richtete, dass Corona als nachgereichte Begründung benutzt wurde für Entwicklungen in der Lehre, die vor der Pandemie äußerst kritisch diskutiert worden waren?[6]

Man nennt es Trittbrettfahrer. Und ohne Zweifel: Corona war gut für viele davon. Das Prinzip der körperlichen Distanz wird das Corona-Virus überleben und in vielen Bereichen nun erst richtig zur Blüte kommen. Die Schulen und Universitäten, die sich lange wacker gegen die Digitalisierung gewehrt hatten, gehören mit Sicherheit zu den Verlierern. In den USA sah die Bildungsministerin, nun, da die Schulen und Colleges ihren Regelbetrieb pandemiebedingt nicht aufrechterhalten konnten, die Chance, ihr Konzept der Privatisierung des Bildungswesens durchzusetzen: Bildungsgutscheine, die der Staat, statt wie bisher ins Schulsystem zu investieren, den Eltern gibt, sollten diesen erlauben, selbst zu entscheiden, wo ihre Kinder zur Schule gehen. Hat man das nötige Zugeld, kann man dann seine Kinder sogar auf eine renommierte Privatschule schicken. Fehlt das Kleingeld, reicht es immerhin für ein paar Online-Kurse.

Die IT-Unternehmen, die den Schulen und Universitäten in der schwierigen Corona-Zeit so hilfreich zur Seite standen, hätten gewiss nichts dagegen. Aber sie warten gar nicht erst auf die Vorlage der Bildungsministerin. Google lancierte im September seine *Career Certificate*-Offensive, die am College vorbei viel kürzer und viel billiger den Abschluss versprach, auf den es Google und vergleichbaren IT-Unternehmen ankam: Just Programming, ohne den Core-Course-„Quatsch" der Liberal Arts Colleges, die von Informatik-Studenten verlangen, auch Kurse in Philosophie und Literatur zu belegen. Als würde man dadurch besser im Programmieren. War es der Anfang vom Ende der Hochschulbildung in den USA? War Deutschland, dessen Bildungspolitik sich ja grundlegend von der US-amerikanischen unterscheidet, vor einer solchen Entwicklung gefeit?

Der Erfolg, mit dem man auf die Herausforderungen der Corona-Krise reagiert, könnte sich als Eigentor erweisen. Die deutschen Universitäten stellten ihre Lehre nun notgedrungen auf Digitalbetrieb um – und nutzten den Krisenmodus für Umstrukturierungen. So vollzogen die Rhein-Main-Universitäten Frankfurt am Main, Mainz und Darmstadt das, was lange schon gewollt war, bisher aber immer an internen Einsprüchen gescheitert war: Sie wuchsen digital zusammen und boten mit standortverteilten Lehrveranstaltungen das RMU-Studium an. Studentinnen, die an der Johannes Gutenberg-Universität Mainz eingeschrieben waren, konnten nun problemlos Online-Kurse an der TU-Darmstadt besuchen. Was wollte man gegen solche Synergie-Effekte sagen!

Nichts, außer vielleicht, dass standortverteilte Lehrveranstaltungen kein Privileg von Universitäten sind, die sich räumlich nahestehen. Wenn das Studium vom heimischen Computer aus geschieht, sind alle möglichen Kooperationen und Konstellationen denkbar: überregional, international, in Echtzeit oder asymmetrisch, betrieben von technophilen Lehrerinnen oder organisiert von Bildungsmanagern, die viel Geld in die Hand nehmen, um sicherzustellen, dass die Videos ihrer Universität nicht nur die Studierenden der Konkurrenz im Nachbarort anziehen, sondern die der ganzen Welt. Ohne Frage: Die Digitalisierung der Lehre führt zu Optimierung und Standardisierung der Lehrangebote und bedeutet das Ende der Massenuniversität alten Stils mit all ihren vielmals beklagten Problemen der überfüllten Lehrveranstaltungen, mangelnden Studentenbetreuung und eines Lehrpersonals, dem möglicherweise das persönliche Interesse oder die pädagogische Eignung fehlt, um eine anspruchsvolle Lehre anzubieten. Und überhaupt: Macht es denn Sinn, dass an verschiedenen Universitäten jeweils das Gleiche unterrichtet wird? So die Argumente derer, die am Fernstudium auch in postpandemischer Zeit festhalten wollten. Ob das gut ist, und wenn ja, für wen unter all den involvierten Akteuren, das ist die Frage, die sich nun viel dringlicher stellte als zuvor, da das Silicon Valley noch nicht Covid-19 auf seiner Seite hatte.

Vorerst kann man sich noch beruhigen: Das Studentenleben in Mainz verschwindet nicht, wenn einige in ihrer Mainzer Studentenbude Online-Kurse der TU-Darmstadt belegen. Aber es ist ja auch erst der Anfang vom Ende. Je mehr Kurse online angeboten werden, umso weniger Gründe wird es geben, nach Mainz zu ziehen. Und dann werden die Zufallsbegegnungen auf dem Campus und den Partys und die Gespräche in den Cafés und Bars doch immer seltener, bis sie eines Tages verschwunden sind und man allemal noch auf einem Fun&Sex-Event im Spring-Break andere Studentinnen anders als am Bildschirm kennenlernt. Der *Online-Campus*, das *Distant Learning* und der *Global Teacher* – andere Stichwörter der Zukunft sind *OER* (Open Educational Resources) und *MOOC* (Massive Open Online Course) – sind die Vorboten einer Zukunft, vor der man immer Angst hatte (außer man ist ein Start-Up, das Bildungs-Apps baut).[7]

Die Krise wurde nicht nur deswegen als Chance gesehen, weil sie die Digitalisierung beschleunigt. Andere versprachen sich gerade aus der Entschleunigung, die der Shutdown mit sich brachte, einen Bewusstseinswandel. Eine allgemeine Besinnung auf das, was wirklich wichtig ist im Leben, erhofften die Seelsorgerinnen, die Therapeuten und die kulturkritischen Soziologen. Selbst der italienische Architekt Renzo Piano sprach in einer Video-Botschaft davon, dass diese Krise uns besser machen werde, weil sie die Fragilität der Welt vor Augen führe. Das Resultat werde ein nachhaltigeres, umweltgerechteres Bauen sein. Alle legten so viel Hoffnung in das, was ihnen geschah; versprachen sich eine neue Gesinnung aus der nun möglichen Besinnung, apostrophierten das Virus als Geburtshelfer eines besseren Ich. Aber so ist der Mensch: Elend ist besser zu ertragen, wenn es einen tieferen Sinn hat.[8]

Dass ein Kurswechsel die Unterbrechung des Gewohnten voraussetzt, ist natürlich keine neue Ansicht. Sie war nicht einmal vor hundert Jahren neu, als Siegfried Kracauer die Geburt der Massengesellschaft intellektuell sezierte und in einem Zeitungsartikel mit dem Titel *Langeweile* schrieb: „Die Welt sorgt dafür, dass man nicht zu sich gelange, und nimmt man auch vielleicht kein Interesse an ihr – sie selber ist viel zu interessant, als dass man die Ruhe fände, sich so ausführlich über sie zu langweilen, wie sie es am Ende verdiente." Die Langeweile ist für Kracauer somit die einzige Beschäftigung, „die sich ziemt, da sie eine gewisse Gewähr dafür bietet, dass man sozusagen noch über sein Dasein verfügt."[9]

Der Shutdown als Königsweg zur Selbstfindung? Funktioniert das hundert Jahre später noch? Zunächst fällt auf, dass die Unterbrechung ihr moralisches Vorzeichen änderte. Es geht nun weniger um den Schutz des Menschen vor dem Einfluss der Welt als umgekehrt. Die Pandemie sorgte dafür, dass die Welt einmal zur Ruhe kam und im doppelten Sinne aufatmen konnte. Das kommt letztlich auch den Menschen zugute: In berüchtigten Smog-Metropolen gab es wieder blauen Himmel, weswegen gelegentlich sogar argumentiert wurde, Covid-19 rette mehr Menschenleben als es fordert. Die aktuelle Entsprechung zur Langeweile heißt Unverfügbarkeit: Plötzlich verfügt der Mensch nicht mehr über die Welt, er kann sie nicht mehr heimsuchen in ihren entlegensten Orten, er kann ihre Ressourcen nicht länger ungebremst nutzen, er kann sie nicht wie bisher rücksichtslos verschmutzen. Als habe die Welt das Virus geschickt, um sich den Menschen vom Leib zu halten. Kaum überraschend, dass die Prediger der Unverfügbarkeit der Pandemie viel Positives abgewannen.[10]

Wie unverfügbar, wie entrückt aber ist die Welt wirklich, wenn man zuhause bleibt, ein Jahrhundert nach

Kracauer, im Zeitalter von Radio, Fernsehen und Internet? Ist das Haus nicht auch die perfekte Kommandozentrale! Immerhin: Wer Filme streamt, macht sich unabhängig vom Kinoprogramm; wer Menschen nur noch am Bildschirm trifft, ist sicher vor ungeplanten Begegnungen und freier auch in der Kleiderordnung – und wer zuhause bleibt, hat nicht einmal lose Dachziegel zu fürchten. Der heimische Raum ist der klassische Ort individueller Kontrolle. Erhöht sich also deren Reichweite, wenn die Welt sich verstärkt dort ereignet? Es ist ein Kontrollzuwachs im Rahmen sinkender Verfügbarkeit, der zudem keineswegs verlässlich ist. Denn wenn die Arbeitsbesprechung am Bildschirm auf dem heimischen Sofa stattfindet, wird ja selbst das Heiligste dem Verfügungsraum des Privaten entzogen. Wir werden in Kapitel drei sehen, welch katastrophale Folgen das haben kann.

Wie auch immer es sich mit Langeweile und Unverfügbarkeit im Kontext digitaler Vernetzung verhält: Dass vieles im persönlichen Leben auch anders geht oder jedenfalls anders sein sollte, gehörte zu den großen Einsichten jener Tage. Erstaunt stellte man fest, wie sehr man sich eigentlich freute, auf bestimmte Aktivitäten verzichten zu müssen. Dabei war man doch nie gezwungen worden. War man dem Mobilitäts-Hype der anderen auf den Leim gegangen? War man FOMO erlegen, der berüchtigten *fear of missing out*? Das Virus erlaubte nun, zuhause zu bleiben, und man war ihm, im Frühjahr, sogar dankbar dafür wie manchmal am Sonntag dem Regen. Man begann, seine alten Briefe und Tagebücher zu lesen oder zumindest die alten Fotos auf Facebook durchzugehen. Man rief alte Freunde an, auch Ex-Freunde, um sich sogleich, egal wo in der Welt sie sich befanden, mit Wein und Snacks am Bildschirm zu treffen. Denn das war nun die Art, nun, da Treffen Bildschirm hieß. Oder man kappte radikal alle Kommunikationskanäle und las ein sehr dickes Buch. Was für ein JOMO-Fest! Denn natürlich hatte die Generation Z auch dafür schon einen Namen und eine nutzerfreundliche Abkürzung fürs Texting: *joy of missing out*.

Die Unverfügbarkeit und Langeweile à la Kracauer war weit politischer als ein Begriff wie JOMO vermuten lässt. Sie war auch eine Art Selbstbefragung des Anthropozäns: das Ende eines Beschleunigungsprozesses, der seit mehr als zwei Jahrhunderten immer mehr Teile der Welt bestimmt und sich trotz sichtbarer Klimaveränderungen in den letzten Jahrzehnten als weitgehend resistent gegen zunehmende Warnungen und wachsende Kritik erwies. Das Virus, darin liegt seine rettende Nebenwirkung, zerstört auch diese Immunität. Mit seiner „geradezu monströsen Unverfügbarkeit" ist es der „Albtraum der Moderne" und zugleich ihr Weckruf, denn es könnte ihr zu dem gesellschaftspolitischen Paradigmenwechsel verhelfen, den sie seit langem nötig hat.[11]

So jedenfalls sah es jener Teil der Soziologie, der dem Prozess der Moderne kulturkritisch gegenüberstand. Und er sah erste Anzeichen für den ersehnten Paradigmenwechsel darin, dass anders als im Falle der Finanzkrise Systemrelevanz diesmal nicht ökonomisch erfasst wurde, sondern sozial und biologisch. Denn die von der Politik ergriffenen Maßnahmen zur Pandemiebekämpfung geben deutlich dem Überleben der Alten und Schwachen Vorrang gegenüber der Gesundheit der Finanzmärkte und den Interessen der Kapitalakkumulation. Man erteilte wacker jeder Bereitschaft eine Absage, dieses Virus mit seiner spezifischen Altersgruppendiskriminierung als eine Korrektur demografischer Schieflagen zu sehen, die willkommene Entlastungseffekte für die Krankenkassen und Rentensysteme mit sich bringt.

Welchen Paradigmenwechsel, welche Formen einer alternativen Politik das „Gelegenheitsfenster“[12] der Krise mit sich brachte und mit sich bringen konnte, lässt sich erst in der Distanz beurteilen. Zur weit verbreiteten Einsicht schon der ersten Tage jedenfalls gehörte die Mahnung, dass im gesellschaftlichen System vieles anders werden muss: menschlicher, sozialer. Naheliegender Ausgangspunkt war das Gesundheitssystem, dessen Durchökonomisierung und Kommodifizierung erst dazu geführt habe, dass nun ein bedrohlicher Mangel an Krankenhausbetten und Pflegepersonal besteht. Die Einsicht, dass das Gesundheitssystem ein Ort der gesellschaftlichen Daseinsvorsorge ist und kein Wirtschaftsunternehmen, brachte nicht nur links außen eine Reihe an Forderungen mit sich: das System der Fallpauschalen beenden, das applaudierte Pflegepersonals aufstocken und besser bezahlen, die großen Krankenhaus- und Pflegekonzerne vergesellschaften. Weitere Forderungen, auch diese keineswegs nur von der Linken, zielten auf die solidarische Verteilung der Wohlstandsverluste durch einen „Lastenausgleich“ wie nach dem Zweiten Weltkrieg und auf die Beteiligung der Wohnungswirtschaft an den Kosten der Krise durch einen Mietenerlass, statt ihre Renditeerwartungen durch Krediterleichterungen und zusätzliche Sozialleistungen für die Mieter staatlich zu sichern.[13]

Die Reichensteuer kam so wenig wie der Mietenerlass. Aber immerhin forderte jetzt kein „Gesundheitsökonom“ mehr, wie noch wenige Monate zuvor, in Deutschland die Hälfte der Krankenhäuser wegen mangelnder Effizienz zu schließen – eine „Zerstörung von sozialer Infrastruktur in einem geradezu abenteuerlichen Ausmaß", wie der Präsident der Deutschen Krankenhausgesellschaft kommentierte.[14] Die renditeorientierte Organisation des Gesundheitssystems und der schlanke Staat des Neoliberalismus hatten in Corona-Zeiten einen schweren Stand. Oder beförderte im Gegenteil die Pandemie den Neoliberalismus? Denn man konnte ja durchaus das epidemiologische Isolationsgebot als eine Stärkung des neoliberalen Prinzips der Selbstsorge interpretieren, als eine Art „neosoziale" Privatisierung der Solidarität, mit der mal wieder alle Verantwortlichkeit nicht beim Staat, sondern beim Individuum liegt.[15] Dies würde jedoch die Symbolkraft der epidemiologischen Notwendigkeit unzulässig überhöhen und ignorieren, dass zumindest in Deutschland das Gebot der Eigenverantwortung von der finanziellen Unterstützung des Staates flankiert und somit überhaupt erst ermöglicht wird. Der individuellen Sorge steht von Anfang an – man denke an die Rückholaktion der im Ausland gestrandeten Bürger – die Schutzpflicht des Staates zur Seite. Das heißt nicht, dass der Bürger aus eigener Verantwortung für die Gemeinschaft entlassen sei. Aber diese Verantwortung bestätigt nicht das Modell des Neoliberalismus, sondern revitalisiert den Gedanken des Gemeinwohls.

War Covid-19 also der Anfang vom Ende des Neoliberalismus? War es die Zeit für einen neuen New Deal? Rückte Corona die Welt nach links? Die öffentliche Diskussion prekärer Arbeitsbedingungen (wie der Saisonkräfte in den Schlachthöfen) und der „Zukunft der Arbeit nach Corona"[16] ließ das durchaus vermuten. Slavoj Žižek, das *enfant terrible* der zeitgenössischen Philosophie, sah bereits am 27. Februar in Covid-19 die lang ersehnte Katastrophe, die auf der Bühne der Gesellschaftsentwürfe alle Karten neu mischt, und brachte seine Hoffnung, ungeduldig selbst hier, gleich im Titel seines Textes unter: „Coronavirus is ‚Kill Bill'-esque blow to capitalism and could lead to reinvention of communism". Für einen Moment schien es, als gäbe es doch noch eine Alternative zur Alternativlosigkeit des Kapitalismus; und für manche hieß sie gar Kommunismus. Corona hatte den „kapitalistischen Autopiloten" abgeschaltet und stellte ganz unverhofft eine „Verschiebung von Kräfteverhältnissen" in Aussicht.[17]

So jedenfalls war die Hoffnung, verbunden mit der Hoffnung, die Kraft möge sich auch in die richtige Richtung verschieben. Erste empirische Studien dämpften die Erwartung und identifizierten die bald aufkommenden Proteste der Querdenker gegen die Corona-Maßnahmen als eine Bewegung, „die eher von links kommt, aber stärker nach rechts geht".[18] Könnte es sein, dass dieses Sammelsurium an ganz verschiedenen Positionen das Protestpotenzial der Gesellschaft kidnappte und sich dieses so nicht, wie Žižek und andere hoffen, gegen die sozialen und ökologischen Verirrungen des Kapitalismus richtet, sondern gegen „die da oben"? Es wäre eine der schlimmsten unter den noch unerkannten Nebenwirkungen der Pandemie.

Die Hoffnung, so wird es später heißen, dass die Regierung die Gesellschaft sicher durch die Krise manövriert, veränderte die Perspektive auf das Verhältnis von Individuum und Staat. Und zwar nicht nur hinsichtlich der politischen Ökonomie. Man war zu Verzichtsleistungen im Interesse der Allgemeinheit bereit, selbst wenn es um Bewegungs- und Versammlungsfreiheit oder informationelle Selbstbestimmung ging. Man war bereit, aus staatsbürgerlicher Verantwortung bürgerliche

Rechte aufzugeben, jedenfalls wenn man in einer stabilen Demokratie lebte, wo solche Einschränkungen mit vielem Wenn und Aber beschlossen wurden. Der Kult des Individuums, der Modus der kompetitiven Singularitäten, der die Moderne und zumal das 21. Jahrhundert bestimmt, schien weitgehend suspendiert zugunsten der Belange des gesellschaftlichen Ganzen.

In gewisser Weise war die Pandemie ein Geschenk zu Hegels 250. Geburtstag, der ins Jahr 2020 fiel. Denn wer im Krieg ein „sittliches Moment" sieht, weil er das Gemeinwesen zusammenschweißt, muss Gefallen finden an einer Pandemie, die das Individuum ebenfalls zwingt, sich als Teil eines größeren Ganzen zu sehen.[19] Die Pandemie zerbricht genauso wie der Krieg das „Fürsichsein des einzelnen" und führt diesen in die Gemeinschaft zurück – ohne den schlechten Nachgeschmack, für die falsche Sache gekämpft zu haben.

Auch diesseits gewagter Vergleiche passte die Pandemie gut zum Hegel-Jahr. Denn Hegel ist berühmt als Denker der Freiheit *und* ihrer Grenzen, als Philosoph der französischen Revolution *und* des preußischen Staates. Bei ihm ist das Individuum dem „sittlichen Staat" als „substantieller Einheit" und „höchster Pflicht" unterstellt. Das hat ihm den Vorwurf eingebracht, Vordenker des Totalitarismus zu sein; ein Vorwurf, den das berühmteste Hegel-Zitat in der DDR (aus der Feder Friedrich Engels) zu bestätigen scheint: „Freiheit ist die Einsicht in die Notwendigkeit". Die neuere Hegelforschung betont dagegen, dass Hegel sowohl die Rechte des Individuums als auch die Kräfte des Marktes dem Interesse des gesellschaftlichen Gesamtwohls unterstellt. Genau diese doppelte Zügelung der Freiheit im Interesse des Gemeinwohls schien nun die Losung zu sein, wenn zum einen das neoliberalistische Wirtschaftsprinzip kritisiert und zum anderen die Einschränkung der individuellen Freiheit gefordert wurde.

Die Frage, die über das Hegel-Jahr und die Corona-Pandemie hinausweist, ist freilich die: Lässt sich die Entschlossenheit, mit der wir jetzt gemeinsam dafür kämpfen, die Infektionskurve niedrigzuhalten, auch für die Begrenzung der Erderwärmung abrufen? Wird man auch noch zusammenhalten, wenn man keinen Abstand mehr halten muss und der Tod von einer konkreten Bedrohung wieder zu einer unbestimmten Gefahr für künftige Generationen verschwommen ist? Ließe sich die umweltfreundliche Stubenhockerei und die Einschränkung individueller Freiheiten zum Schutz unser aller Gesundheit adaptieren, um unser aller Umwelt zu schützen?

Der Bundespräsident wollte es am Ende des Jahres durchaus so sehen: „Wie viel wir doch miteinander bewegen können, das erleben wir gerade jetzt in der Krise. Aus dieser Erfahrung können wir Mut und Kraft schöpfen, auch um uns gegen andere Bedrohungen wie den Klimawandel oder gegen Hunger und Armut zu engagieren."[20] Ob die Entbehrungsbereitschaft der Bevölkerung während der Corona-Krise tatsächlich Mut und Kraft gibt auch für den Kampf gegen den Klimawandel, wird sich jenseits der Textsorte Weihnachtsansprache und jenseits auch von Ostern 2021, bis wohin der zweite Lockdown gelten könnte, erst noch zeigen müssen. Wie eine Pandemie die Gesellschaft verändert, hängt auch davon ab, wie lange sie dauert. Insofern scheint jede Äußerung vor dem Ende zu früh zu kommen, erst recht jene Bücher, die schon im Herbst, also noch vor dem zweiten Lockdown, entweder eine Zeit voller Debatten und politischer Gestaltungslust prophezeiten oder Zweifel hegten, dass aus dieser Krise irgendetwas werden könnte.[21] Aber Zukunft wird auch im Mutmaßen über sie gemacht. Jede öffentliche Äußerung ist ein performativer Akt, der zugleich ein bisschen das befördert, was er beschwört. Denn am Ende kommt es darauf an, welche Angebote parat liegen, wenn der Autopilot deaktiviert ist und die Frage nach alternativen Ideen entsteht. So kommt jeder schon vor ihrem Ende erschienene Text über die Pandemie, der nicht nur analysieren, sondern auch inspirieren will, zugleich zu früh und gerade zur rechten Zeit.

Die Frage, was von Corona bleibt, reicht für viele Texte, Podcasts und Talk-Shows. Setzt man niedriger an als beim Kommunismus oder gar Anthropozän, wird das Vermuten einfach. Bleiben wird sicher die Maske, die in asiatischen Kulturen längst zu den Anstandsregeln gehört, wenn man erkältet ist. Vielleicht auch die Zurückhaltung beim Umarmen. Auf jeden Fall die Auslagerung ins Digitale: Online-Shopping, Film-Streaming, E-Learning, Bildschirmmeetings und Home-Office, das freilich bald Remote-Work heißen wird, denn was am Computer geht, geht von überall, wo es Internet hat. Auch Urlaub wird nach Corona anders aussehen. Natürlich wird es eine Menge an Nachholreisen Richtung Süden geben, so wie es den Nachholkonsum geben wird. Aber wer im Sommer 2020 in einen Camper Van investiert hat (und die Preise waren da schon immens gestiegen), stellt nicht einfach wieder auf Fernreisen um – ganz zu schweigen von denen, die sich nach den zu erwartenden Insolvenzen 2021 ohnehin keine Fernreise mehr werden leisten können. Zudem: Wer sah, wie leicht man mit weniger auskommt, wird sich das gewiss noch eine Weile gefallen lassen.

Und sonst? Ändert sich auch die Gesellschaft? Grundsätzlich? Ja, aber wohl weniger in der Form wie der Bundespräsident sowie kapitalismus- und kulturkritische Philosophen und Soziologen es sich wünschen. Die Konturen der postpandemischen Zeit zeichnen sich durchaus schon ab. Wie die folgenden Kapitel zeigen werden, steht wesentlich mehr zur Disposition, als man vermuten mag. Vorerst lässt sich schon einmal die These aufstellen, dass sich unsere Erinnerungskultur zumindest in Ansätzen ändern wird und künftig auch das enthält, was nach klassischen Maßstäben nicht als heldenhaft gilt. Corona wird es nicht ergehen wie der Spanischen Grippe. Anders als da wird dieser große vaterländische – wenn nicht internationale, europäische – Krieg gegen das Virus durchaus in das kollektive und kulturelle Gedächtnis eingehen und erinnert werden, sei es wenn man den Börsenwert der „Corona-Bonds" abfragt oder wenn man vor den leuchtenden Kerzen einer Geburtstagstorte „Happy Birthday" singt.

Trac(k)ing-App

In den Tagen der Corona-Krise wurden Banalitäten wieder zu Schlagzeilen: „Wenn dein Handy dich ausspioniert.“ Eine Banalität, weil nicht nur Medienwissenschaftler schon lange den panoptischen Effekt der digitalen Medien diskutierten. Natürlich weiß Google, was mich interessiert, wenn ich danach google, und wohin ich gehe, wenn ich mir von Google Maps den Weg dorthin zeigen lasse. Natürlich kennt Fitbit meine Bewegungsmuster, wenn ich vom Fitness-Tracker der Firma meine Schritte zählen lasse. Und natürlich weiß Facebook, auch das ist längst bekannt, schon durch meine Likes mehr von mir als meine Eltern.

Was digital geschieht, hinterlässt Daten, und die können gesammelt, verkauft und analysiert werden. Das sollte heutzutage jedem bekannt sein. Ebenso, dass diese Daten von verschiedenen Unternehmen hoch begehrt sind, weil sie uns so besser kennen und besser ihre Produkte verkaufen können. Ein inzwischen vielbenutzter Begriff dafür lautet „Überwachungskapitalismus“: Überwachung im Dienst der Kunden, die, auch das weiß man, selten ein Serviceangebot wegklicken – selbst dann nicht, wenn sie ahnen, dass sie damit die Sicherheit ihrer Daten gefährden.

All das war jedoch nicht das Ziel jener Schlagzeile von der Spionagetätigkeit des Handys. Ziel war die geplante

Corona-App, mit der die Bewegung der Bürger im öffentlichen Raum kontrolliert werden soll, um Infektionsketten nachvollziehen und unterbrechen zu können. So etwas geht gar nicht. Jedenfalls nicht in Deutschland. Sogleich war von der biopolitischen Disziplinargesellschaft die Rede und vom Ende des Liberalismus.

Dieses Aufeinandertreffen einer neuen Technologieanwendung und der Bedenken dagegen stellt eine Sternstunde der Medienbildung dar. Denn Vorschlag und Reaktion heben zwei Grundeinsichten der Medienwissenschaft ins gesellschaftliche Bewusstsein: Zum einen kann keine Gesellschaft sich einer neuen Technik entziehen, zum anderen liegt es letztlich an der Gesellschaft, wie sie die Technik nutzt.

Die „Tragödie der Kultur", so schrieb vor mehr als hundert Jahren der deutsche Soziologe Georg Simmel, liegt darin, dass der Mensch mit zunehmender Welteroberung zunehmend zum Opfer seiner Macht wird. Denn all seine Erfindungen schaffen „Sachordnungen", also bestimmte Weisen, zu denken und zu handeln, die dem Menschen fortan als äußere Kräfte gegenübertreten. Den Geist, den er mit einer Technik schuf, wird er nicht mehr los. Natürlich kann man seiner Mutter auch heute noch lange Briefe schreiben statt sie anzurufen oder ihr eine Textnachricht zu schicken. Aber man versuche das mal mit der Nichte. Briefe verstoßen inzwischen sowas von gegen die Sachordnung der Echtzeitkommunikation.

Jede neue Technologie bringt neue Formen mit sich, alte Probleme zu lösen. Im Fall einer Epidemie ist das Problem die Kontrolle der Infektionsketten. Was seit dem Beginn des Infektionsgeschehens in Deutschland örtliche Gesundheitsämter durch mühsame Befragung der Infizierten per Telefongespräch oder bestenfalls Emailverkehr erledigen, lässt sich wesentlich effektiver ermitteln: mit Big Data, analysiert in Echtzeit. Das Problem ist, wie so oft bei der Digitalisierung, die letzte Meile. Die Gesundheitsämter haben große Probleme mit der Kontaktpersonennachverfolgung, was nicht am langen Wort liegt, sondern an mangelnder Digitalisierung. Es fehlt eine einheitliche Software, wenn man nicht ohnehin noch auf analogem Weg Daten verarbeitet und übermittelt. Was für ein bizarrer Widerspruch: Der Bürger ermittelt sein Infektionsrisiko mit einer hochmodernen App und muss dann Tage lang auf die telefonische Nachricht warten, ob er tatsächlich positiv getestet wurde.

Konzentriert man sich auf die positiven Aspekte des medizinischen Zugriffs auf Big Data, ist dies zu vermelden: HealthMap, ein Programm, das automatisch die Daten auf über 20 000 Webseiten analysiert, erkannte damit frühzeitig den Ausbruch der Schweinegrippe 2009 in Mexiko und 2014 den von Ebola in Westafrika. Die „digitale Epidemiologie“, so heißt das entsprechende Forschungsgebiet, zielt nicht auf das alte Prinzip des Lockdowns, das das Virus aushungern soll, indem man die Bewegungsfreiheit von Menschen und den Kontakt zwischen ihnen radikal beschneidet. Digitale Epidemiologie setzt auf das Überwachungspotenzial der neuen Technologien. Nutzbar gemacht werden dabei freilich nicht nur Daten aus dem Netz. Wichtig sind vor allem Daten, die nicht öffentlich sind (GPS-Bewegungsdaten) oder extra für die Seuchenbekämpfung erzeugt werden (Bluetooth-Begegnungsdaten). Die im Frühjahr weltweit diskutierten und dann vielerorts praktizierten Corona-Apps sind Ausdruck dieser Konstellation.

Die Kritikerinnen einer solchen App befürchten den Abbau von Bürgerrechten durch die Normalisierung neuer Überwachungsformen. Diese Furcht ist nachvollziehbar, weil es Präzedenzfälle dafür gibt, dass staatlichen Stellen in tatsächlich oder vermeintlich akuten Gefahrensituationen, etwa zur Terrorismusbekämpfung, weitreichende Überwachungsmaßnahmen zugebilligt werden. Und Chinas Umgang mit der Corona-App ist ein Paradebeispiel für das, was kommen könnte: Ohne das Scannen der App hat niemand mehr Zugang zum öffentlichen Raum. Das verhindert, dass Menschen, die aus Risikogebieten kommen, möglicherweise das Virus verbreiten, und ergibt zugleich eine Menge an Daten, um Bewegungsprofile und Kontaktmuster zu erstellen. Was sich jetzt bewährt, wird auch in pandemiefreier Zeit bleiben, gewollt nicht nur von der Regierung, sondern auch von der Mehrheit der Bürger, die hier viel weniger Datenschutzbedenken hegen als Bürger in Deutschland.

Die Befürworter der App sehen die Sache gelassen-pragmatisch. Das beginnt mit der Feststellung, dass ohnehin alle, die ein Smartphone haben, sich der Überwachung ausliefern, denn sie produzieren durch die Daten der Sendemasten, zu denen ihr Telefon Kontakt aufnimmt, um sie online zu halten, permanent ihr persönliches Bewegungsprofil. Darüber hinaus geben die meisten ihren Apps Zugang zur Location ihres Smartphones und ihren sozialen Netzwerken Zugang zu privaten Daten, um personalisierte Werbung zu erhalten. Wenn die technischen Möglichkeiten der Überwachung fortwährend zur Konsumoptimierung eingesetzt werden, so die naheliegende Nachfrage, wäre es dann nicht grob fahrlässig gegenüber Risikogruppen, sie zur Seuchenbekämpfung nicht zu nutzen? Die Argumentation hinkt, weil sie nicht zwischen Überwachungskapitalismus und Überwachungsstaat unterscheidet (wozu gleich mehr zu sagen sein wird). Festzuhalten aber ist, dass eine solche App kaum gegen die Interessen der Bürger verstoßen dürfte. Denn je mehr deren Bewegung kontrolliert wird, umso mehr kann sie während der Pandemie ausgeweitet werden.

Die Notwendigkeit einer Güterabwägung zwischen Gesundheits- und Datenschutz ist die politische Seite des epidemiologischen Problems – und die politische Folge des technischen Fortschritts. Denn ohne Smartphone, GPS und Bluetooth gäbe es gar nicht die Frage, wie weit das eine zugunsten des anderen eingeschränkt werden darf. Es gäbe einfach einen Lockdown ohne Alternativen. Die Sachordnung der mobilen Medien aber schafft Handlungsoptionen, die sich kaum ausschlagen lassen. Die Corona-App bestätigt diese Sachordnung und verstärkt sie zugleich, denn je mehr sie sich als Rezept der Problemlösung bewährt, umso weniger wird man sich dieser Handlungsoption künftig entziehen können.

Wie der Mensch die Technik, der er sich nicht entziehen kann, nutzt, hängt immer auch von der Gesellschaft ab, in der es dazu kommt. Dies ist der zweite medienwissenschaftliche Hauptsatz, den Covid-19 vor Augen führt. Im Fall der Corona-App liegt der Unterschied zwischen Tracking und Tracing, Pflicht und Freiwilligkeit sowie zentraler und dezentraler Datenverarbeitung.

Beim Tracking stellt eine entsprechende Behörde per GPS fest, wer wann wo mit wem in Berührung kam. Dieses Verfahren kommt in vielen asiatischen Staaten zum Einsatz, wo die Installation der App Pflicht ist und die Polizei sogar mit den Standortdaten des Handys die

Einhaltung der Quarantäne prüft. In Deutschland – wo eine solche Prüfung nicht erfolgt – stieß das Tracking-Begehren recht schnell auf den Widerstand der Datenschützer, die auch dafür sorgen, dass hier, anders als in China oder Frankreich, keine Drohnen eingesetzt werden, um die Einhaltung des Lockdowns zu forcieren.

Die Alternative zum Tracking heißt Tracing: Die Begegnung von App-Nutzerinnen wird über Bluetooth in deren Handys vermerkt, testet eine später positiv, werden alle anderen informiert. So kann man Kontakte nachverfolgen, ohne Bewegungsprofile erstellen zu müssen. Und wenn es dezentral geschieht, wie es die Datenschützer mit guten Gründen gegen den berechtigten Wunsch der Gesundheitsbehörde durchgesetzt haben, minimiert das zusätzlich die Gefahr einer De-Anonymisierung.

Statt auf behördliche Kontrolle setzt Tracing auf individuelle Verantwortung, darauf, dass die Infizierten die anderen informieren und die Informierten sich auch wirklich in Quarantäne begeben. Zu diesem Ansatz passt die Ansprache der Bundeskanzlerin vom 18. März 2020: „Wir sind eine Demokratie. Wir leben nicht von Zwang, sondern von geteiltem Wissen und Mitwirkung." Die Macht appelliert an das Verantwortungsbewusstsein der Bevölkerung und scheut – anders als in China – das Recht, im „gesellschaftlichen Interesse" den Ausnahmezustand zu erklären.

Der Gebrauch, der von einer Technik gemacht wird, ist keine Sache des guten oder bösen Willens, sondern hängt von der „objektiven gesamtgesellschaftlichen Struktur" ab. So die These von Theodor W. Adorno 1953 in einem Vortrag über Technik und Humanismus.[22] Die Corona-Krise hat diese medienwissenschaftliche Einsicht ins allgemeine Bewusstsein gehoben: Wenn die Gesellschaft voller Smartphones ist, wird sie diese zur Lösung ihrer Krisen auch nutzen. Wie sie dabei vorgeht, hängt jedoch von ihrer spezifischen Verfassung ab – und die ist, das zeigt nicht zuletzt die Debatte um die Corona-App, in Deutschland eben deutlich anders als in China, Indien, Russland oder Israel.

Der Unterschied überrascht wenig, bedenkt man die Technokratie-Debatte (prominent vorangetrieben etwa von Jürgen Habermas) vor 50 Jahren, die der technisch möglichen Regelungsoptimierung den für eine Demokratie lebenswichtigen Willensbildungsprozess entgegenstellte. In diesem Sinne betont 2017 der Abschlussbericht der *Ethik-Kommission Automatisiertes und Vernetztes Fahren*, es würde dem „Leitbild des mündigen Bürgers" widersprechen, wollte der Staat das richtige Verhalten (die Einhaltung der Verkehrsregeln) „sozialtechnisch" durchsetzen (durch Algorithmen, die Verstöße gar nicht erst zulassen).[23] Das Misstrauen gegenüber technischen Lösungen sozialer Fragen hat im Nachkriegsdeutschland Tradition. Man setzt mehr auf Einsicht als auf Nötigung. Das ist keine schlechte Hypothek angesichts des hohen Eignungsgrades digitaler Technologien für die Durchsetzung kybernetischer Zwänge – man denke nur an „algorithmic regulation" (die automatische Durchsetzung von Standards durch Feedbackschleifen) und „smart city" (die auf einer solchen Regulierung basierende Stadt der Zukunft).

Andere sehen das anders. Sie nehmen die Mitwirkung der Bevölkerung bei der Umstellung auf die Anderthalb-Meter-Gesellschaft – und die dabei nicht ausbleibende gegenseitige Ermahnung – zum Anlass, von Obrigkeitshörigkeit und „Blockwartmentalität" zu reden. Das liegt nahe, wenn man ein historisches Bewusstsein hat, die

Feinheiten aber übersieht. Denn es geht ja nicht darum, Falschparker anzuschwärzen oder Menschen zurechtzuweisen, die bei Rot über die Straße gehen. Es geht um den Schatz einer kollektiven Bemühung. Dass der durch direkte Ansprache (von Nachbar zu Nachbar, von besorgtem Bürger zu feiernden Jugendlichen) besser gesichert wird als durch einen Anruf bei der Polizei, versteht sich von selbst – und ebenso, dass der den ersten Stein werfen möge, der nie gegen eine Corona-Regel verstieß. Umso größer das Kopfschütteln dann im Oktober angesichts des Essener Meldeformulars für Verstöße gegen die Corona-Schutzverordnung, bei dem man nicht mal Angaben zur eigenen Person machen muss. Der da von Ermunterung zur Denunziation und „chinesischen Verhältnissen" sprach, war zwar forsch im Formulieren, verdiente aber trotzdem Gehör.

Gleichwohl: Der Appell der Kanzlerin und die Freiwilligkeit der App sind das Bittgesuch ans Volk, aus Einsicht in die Notwendigkeit während dieser Gesundheitskrise genau so zu handeln, wie es ein allgemeines Gesetz zum Zwecke der Seuchenbekämpfung verlangen würde. Es ist eine Bitte, die auch nach den Lockerungen der Shutdown-Maßnahmen Geltung beansprucht und mit der Hoffnung konfrontiert, dass die Bürger nicht nur trotz, sondern sogar wegen der Freiwilligkeit dem Aufruf zur Teilnahme pflichtbewusst Folge leisten. So rückt am Ende, durch die Krise, das Gemeinwesen immer enger zusammen im täglichen Plebiszit, die nötigen Regeln der sozialen Distanz auch ohne Zwang und Kontrolle einzuhalten.

Diese Appellpolitik im März hielt an bis zum Lockdown im Dezember mit den recht harten Einschränkungen der Begegnungsmöglichkeiten zu Weihnachten. Die Polizei, so hieß es, werde nicht von Tür zu Tür gehen und prüfen, ob eine Weihnachtsgemeinschaft wirklich rechtens sei; die Unverletzlichkeit der Wohnung bleibe auch und gerade zu Weihnachten ein hohes Gut im deutschen Rechtsstaat. Noch immer setzte die Politik darauf, dass die Bürger wissen, was sie tun (und hoffte, sie tun weniger, als erlaubt), statt ihre Macht zu benutzen, um das Notwendige sicherzustellen.

Natürlich lässt dieser Ansatz viel Platz für schwarze Schafe, die nur darauf lauern, dass jemand gegen die neuen Regeln verstößt. Dennoch scheint Kants moralischer Imperativ, und vielleicht sogar Habermas' Verfassungspatriotismus, die Sachlage angemessener zu beschreiben als das Klischee vom deutschen Untertan und Blockwart – mit Konsequenzen auch für die von Politikern gern bemühte Floskel: „Unser Land wird gestärkt aus dieser Krise hervorgehen!" Denn soweit der Appell einen harten Lockdown mit strengen Kontrollmaßnahmen erübrigt, liegt die stärkende Erfahrung nicht in der Effektivität von Notstandsgesetzen oder Führungskräften, sondern in der Verlässlichkeit der Mitbürger. Diese Erfahrung stärkt zugleich die Bereitschaft, eine gesellschaftliche Struktur, in der die Regierung so bedacht und zurückhaltend Gebrauch von ihren rechtlichen und technischen Möglichkeiten macht, vor ihren Gegnern zu schützen.

Die Regierung dachte ebenso und verkündete zum Jahresende in Gestalt des Bundespräsidenten: „Die allermeisten Menschen in unserem Land handeln rücksichtsvoll und solidarisch – nicht, weil der Staat es ihnen befiehlt, sondern aus Vernunft, Mitgefühl und Verantwortung. Ich wünsche mir, dass wir diesen Bürgersinn mitnehmen in das kommende Jahr."[24] Das war mehr Bitte als Befund. Denn zum Jahresende gab es längst Hinweise dafür, dass viele Mitbürger den Appell an ihr Mittun eher großzügig auslegten oder gar ignorierten. Man wird erst mit historischem Abstand zur Pandemie beurteilen können, ob die Hoffnung der Bundeskanzlerin aufging oder ob die rigideren Maßnahmen anderer Länder der bessere Ansatz gewesen wären. Nicht auszuschließen, dass es dann heißen wird: Gerade in einer Kultur der Ultraindividualisten ist es heikel, die nötige Selbsteinschränkung der Bürger vorauszusetzen, gerade eine Pfarrerstochter aus der DDR aber kann gar nicht anders, als auf das Gute im Menschen zu setzen und staatlichen Zwang soweit wie möglich zu vermeiden.

Covid-19 ist – neben der Lektion in Gesellschaftskunde – eine Sternstunde der Medienbildung. Nicht weil es schlagzeilenhaft die Spionagefähigkeit des Handys vor Augen führt oder Lehrer zwingt, endlich das Unterrichten mit digitalen Medien zu lernen, sondern weil es zwei medienwissenschaftliche Einsichten ins allgemeine Bewusstsein hebt: Die Möglichkeiten neuer Technologien können bei der Lösung gesellschaftlicher Probleme zwar nicht ausgeschlagen werden, wie die Gesellschaft davon Gebrauch macht, hängt jedoch von ihrer eigenen Verfassung ab – und die führt in Deutschland anders als in Südkorea, Taiwan oder Polen zum dezentralen, freiwilligen Tracing.

Hängt es tatsächlich nur von der politischen Konstitution ab? Dieser Annahme widerspricht, dass auf älteren Handys die App gar nicht installiert werden kann, Nutzer also gezwungen sind, ein neues Handy zu erwerben. Die Bundesregierung kann offenbar nicht durchsetzen, dass auch jene Bürger ihre 68 Millionen Euro teure App installieren können, die nicht das neueste Modell besitzen. Waren die Herrscher der Handy-Operationssysteme,

Apple und Google, nicht in der Lage, eine Schnittstelle auch für ältere Modelle zu schaffen? Sind sie schon so mächtig, dass sie die Corona-App nutzen können, um weniger technikverliebte Kunden zum Erwerb des neuesten Modells zu zwingen? Der Verdacht jedenfalls ist da, dass nicht die Politiker das letzte Wort haben, sondern die Unternehmen. Man mag sich täuschen; beobachten muss man dies unbedingt.

Die Beobachtungspflicht zielt freilich auch auf die Politik selbst. Denn mit der Corona-App wird eine Infrastruktur geschaffen, die künftig Standard für die Lösung vergleichbarer Probleme sein könnte – dann möglicherweise aber ohne die Debatte, die jetzt noch zu den Einsatzbedingungen geführt wird. Die Sorge, dass die Corona-App sich nach Corona neue Aufgaben sucht, markiert die Gefahr der sich konsolidierenden Sachordnung, emanzipiert vom eigentlichen Ursprung. Zu dieser Gefahr gehören auch die zunächst ganz unpolitischen Sachzwänge der *sozialen* Interaktion: die Gefahr, dass die Freiwilligkeit der App-Nutzung mit der Zeit durch Arbeitgeber, Restaurantbesitzer, Verkehrsbetreiber et cetera unterlaufen wird, wenn die Politik dies nicht verhindert. Datenschützer und zumal die Juristen unter ihnen forderten deswegen, dass die Corona-App von entsprechenden gesetzlichen Bestimmungen begleitet wird. Die Politik folgte diesem Ansinnen nicht, weil die App selbst ja gar nicht gesetzlich verpflichtend sei. Das klingt plausibel, verkennt aber (absichtlich?) die Gesetze der Praxis: Garantiert Freiwilligkeit wirklich, dass Restaurantbesitzer und Kinobetreiber nicht von ihrem Hausrecht Gebrauch machen und, um ihre Kunden und ihr Geschäft zu schützen, irgendwann ihre Gäste nach der Corona-App fragen? Wird ohne ein Gesetz eines Tages die App zum Türsteher?

Hier liegt der Gestaltungsspielraum für die Politik und schließlich für alle Bürger. Und es ist keineswegs so, dass die Bürger nicht auf ihre Politiker zählen könnten. Immerhin wurde die deutsche Datenschutzbehörde nicht etwa von Bürgerrechtlern gegen den Widerstand der Politik durchgesetzt. Im Gegenteil, die Idee dazu ging vom hessischen Ministerpräsidenten Georg-August Zinn aus, der 1969 aus einem FAZ-Leitartikel über eine mögliche Totalisierung des Staates im Zuge seiner Technisierung folgerte, dass die staatliche Nutzung von Datenbanken Regeln braucht. Der „Sozialdemokrat, der während der NS-Diktatur im Widerstand aktiv gewesen war", gab noch am selben Abend einen entsprechenden Gesetzesentwurf in Auftrag.[25] Ein Jahr später verabschiedete der Hessische Landtag mit großer Mehrheit ein Datenschutzgesetz. Sieben Jahre später zog der Bundestag nach. Schließlich wurde das deutsche Konzept der informationellen Selbstbestimmung maßgebend für die Datenschutz-Grundverordnung der EU, die wiederum andere Länder zu entsprechenden Datenschutzmaßnahmen inspirierte oder zwang, wollten sie mit Europa zusammenarbeiten.

So hatte die Erfahrung zweier Diktaturen auch etwas Gutes, das heute, 30 Jahre nach dem Ende der zweiten, dafür sorgt, dass Deutschland die datenschutzfreundlichste Corona-App besitzt. Und auch heute kann man sich offenbar auf die Politik verlassen. Denn während Ende des Jahres in Zeitungskolumnen und Talk-Shows die strikteren Maßnahmen in südostasiatischen Ländern beworben wurden (wo die Quarantäne mittels digitaler Ortungstechnologien und hoher Bußgeldstrafen auch wirklich durchgesetzt wird), blieb die Bundeskanzlerin dabei: „Das ist nicht unser Gesellschaftsmodell."[26]

Natürlich schützt das noch nicht vor einer künftigen Diktatur. Gerade die Deutschen wissen: Auf Geschichte kann man sich nicht ausruhen; nichts, was errungen scheint, ist wirklich gesichert. Klar ist aber auch: Was nicht diskutiert wird, ist erst recht nicht gesichert. Und so liegt die eigentliche Gefahr derzeit vielleicht gar nicht in der umstrittenen Corona-App, sondern im verborgenen Missbrauch anderer Verfahren der Infektionskettenbekämpfung.

Bei allem berechtigten Argwohn, dass der Staat sich zum Überwachungsstaat entwickelt, es ist gewiss nicht verkehrt, einen Teil des Argwohns für die Überwachungskapitalisten zu reservieren. Diese begehren unsere Daten zwar zu anderen Zwecken und werden, sollten sie heiklen Begierden auf die Spur kommen, diese nicht disziplinieren, sondern befriedigen wollen. Aber auch so lässt sich viel Porzellan zerschlagen. Das zeigte im Oktober die Meldung, dass ein QR-Code-Betreiber in Großbritannien die Kontaktdaten, die man zur Nachverfolgung von Infektionsketten in den Restaurants hinterlässt, an Werbeunternehmen und Versicherungen verkauft hatte.[27]

Manche mögen sogar darauf spekuliert haben, dass bei der Identifikation im Restaurant Name und Telefonnummer in unbefugte Hände geraten. Sie dachten dabei an die Hände des gutaussehenden Kellners, der immer etwas zu lang lächelte, als dass man nicht sein Interesse an diesen Daten vermuten dürfte. Ob er einen schon gegoogelt hat, bleibt offen. Angerufen jedenfalls hat er bisher nicht. Angerufen haben nur die lästigen Telefonvermarkter – was wieder einmal bestätigt: Du kannst dem, der dir dein Bier bringt, nur begrenzt vertrauen. Er mag ohne böse Absichten sein, aber eben auch ohne

Ahnung, was die, denen er dankbar die Verwaltung der Daten überlässt, damit tun. Er sollte sie haben, im eigenen Interesse. Denn wenn die Gäste aus Selbstschutz nur noch Phantasienamen und falsche Telefonnummern hinterlassen, behindert das den kollektiven Versuch der Virenbekämpfung, und wenn die Infektionszahlen steigen, müssen auch die Restaurants wieder schließen.

Alles hängt miteinander zusammen. Nur die, die mit unlauteren Methoden ihren Gewinn aus der Situation ziehen, haben wenig zu verlieren. Gerade deswegen ist dieser „Datenklau" so perfide. Er ist wie ein Waffenstillstandsbruch. Denn so war es doch: Die eine Seite erklärte sich in dieser besonderen Situation im Interesse der Gemeinschaft bereit, ihre Daten herzugeben, während der Gegner kaltblütig vermarktet, was er kriegen kann! Unmoralisch? – Gewiss. Aber nicht illegal. Oder ist in Kriegszeiten wie diesen auch das Unmoralische illegal? Immerhin demontiert dieses Big-Data-Business-as-usual die Moral der Truppe. Den Kollateralschaden dieser routinierten Gier nach Gewinnen trägt am Ende die Gesellschaft, wenn die Bürger das Vertrauen verlieren, dass ihre Daten geschützt sind. Die Vermarktungslogik der Unternehmen sabotiert den Kontrollbedarf der Epidemiologen. Dass es dazu nicht kommt, ist die Aufgabe der Politik – die es in diesem Falle dann vielleicht doch nicht beim Appell belassen sollte.

Screen-Mining

Auch das Geschäft der Schönheitschirurgie profitierte von Corona. Der Bedarf an kosmetischer Gesichtsbehandlung wuchs erheblich in Reaktion auf all die Zeit, die man nun am Bildschirm verbrachte. Es war, als schaute man ständig in den Spiegel. Wer hält das aus? Die einen deaktivierten das Bild oder vermieden den Blick auf sich selbst, die anderen wollten eine dauerhafte Lösung. Die Fachleute sprachen von „Zoom Dysmorphia".[28] Google wusste längst Bescheid, denn so viele Suchanfragen zu Nasenverkleinerung, Hautglättung, Akne und Haarwuchsmitteln gab es noch nie. Die soziale Distanz, die Corona verordnet hatte, verkleinerte die Distanz, die uns noch zu uns selbst möglich war. Aus welchem Grund auch immer das Zoom-Meeting stattfand, Arbeitsbesprechung, Seminar, Familienkonferenz, Party: Wir standen jedes Mal uns selbst gegenüber – und konnten den Blick nicht von uns lassen; von der Technik verdammt zum Narzissmus.

Zoom war viel früher da als sein Erfolg. Das Telekonferenz-Unternehmen aus San Jose musste fast zehn Jahre warten, bis seine Stunde gekommen war und schließlich *das* zur gesellschaftlichen Pflicht wurde, wofür Zoom seit seiner Gründung 2011 geworben hatte: sich am Bildschirm statt in der Realität zu treffen. Der Vorschlag sprengte bisher selbst den Denkrahmen der

Generation Z, die auch Digital Natives genannt wird, weil sie bereits vollständig mit digitalen Medien aufwuchs – aber eben nicht mit Zoom. Selbst diese Generation fuhr oder flog noch von einem Ende der Stadt oder Welt zum anderen, als wollte sie sich eine letzte Bastion im Leben bewahren, die nicht digitalisiert ist.

Gewiss, bei all dem trotzigen Anstoßen der Gläser vor Ort signalisierte das mitgebrachte Handy schon längst, dass jeder nur auf Abruf wirklich präsent war. Das Handy auf dem Tisch verriet die Inkonsequenz der Situation: Verlangte der Wunsch, jederzeit und überall Zugang zu allem und allen zu haben, nicht von Anfang an auch die Überwindung des physischen Raumes? Was fehlte, war ein Virus, das alle entgrenzte, indem es sie räumlich beschränkte. Nun trennen uns nur noch Zeitzonen.

Wie toll, hörte man schon: Zoom sichert unsere Zukunft. Nicht weil wir durch Begegnungen ohne körperlichen Kontakt die Infektionskurve niedrig halten und so besser durch die Pandemie kommen – das ist nur die aktuelle Funktion einer Technologie, die Größeres vorhat. Die nachhaltige Notwendigkeit von Zoom, so hieß es, liege darin, auch die Erderwärmung niedrig zu halten. Jeder Kilometer, der wegen Zoom nicht gefahren oder geflogen werden muss, ist ein Schritt zur Lösung der Klimakrise.

Ob die Umwelt wirklich nachhaltig von der Corona-Krise profitiert, wird sich zeigen. Den weniger gefahrenen Kilometern steht gegenüber, dass die dann aber eher mit dem Auto als den öffentlichen Verkehrsmitteln gefahren wurden. Symbolträchtig ist jedenfalls, dass der Wert von Zoom schon im Mai 2020 den der sieben größten Fluggesellschaften zusammen überstieg, die gerade erst ihre Talfahrt begonnen hatten. Der Verlierer der Corona-Krise passt zum Gewinner wie das Auge zur

Faust. Denn beide tun das Gleiche auf sehr verschiedene Weise: Das Flugzeug bringt Menschen von A nach B, Zoom bringt sie am Bildschirm zusammen. Das Flugzeug ist ein Medium des 20. Jahrhunderts, Zoom ist das Medium unserer Zeit.

Der Unterschied liegt jedoch nicht allein in den Umweltkosten. Auch die Kommunikationskosten sind sehr verschieden. Und zwar zu Ungunsten von Zoom. Nicht weil man über Zoom die anderen schlecht hört und sieht, wenn das WiFi zu schwach ist, was dann leicht gegen den einnimmt, der das Zuhören so schwer macht, aber gar nichts für die schlechte Internetanbindung seines Hauses kann. Im Gegenteil: Man sieht sie besser, als ihnen lieb sein mag. Man schaut in die Wohn- und Schlafzimmer, man sieht die Möbel, die Bücher, die Familienfotos und diesen erstaunlich kitschigen Kerzenständer hinten rechts. Aber darum geht es gar nicht. Zumal man sich in dieser neuen Selfie-Situation ja auch leicht so präsentieren kann, wie man gesehen werden will.

Es geht auch nicht um den Verlust der Zufallsgespräche am Rande der Konferenz im Café und später in der Bar. Es geht nicht um die informellen Flurgespräche, die sich ergaben, als Arbeitstreffen noch vor Ort stattfanden statt am Bildschirm, wo man die Pause allein verbringt. Der Verlust an realer Nähe und die gegenseitigen Einblicke ins Privatleben sind nur die Ablenkung von dem, was im Hintergrund tatsächlich passiert. Was zu verstehen ist: Kommunikation per Zoom bedeutet radikale Transparenz, weit mehr, als man denkt und wünschen kann.

Die Aufdeckung hatte Skandalwert: Zoom erlaubt dem Host eines Meetings, die LinkedIn-Konten aller Teilnehmer zu kontaktieren. Zudem informiert die App den

Host, wenn eine Teilnehmerin nebenbei etwas anderes an ihrem Bildschirm tut, Twittern etwa oder Einkaufen, oder wenn sie ihre Antworten heimlich abliest. Es bleibt fraglich, wie skandalös dies wirklich ist. Im Grunde kann ja jeder sich auf LinkedIn- oder anderen Konten sozialer Netzwerke Auskunft zu einer gewünschten Person verschaffen. Und dass man bei einem Treffen auch wirklich anwesend ist – oder höchstens mit den Gedanken woanders – und keine Spickzettel benutzt, ist ja kaum zu viel verlangt.

Viel problematischer als die technische Durchsetzung von Normalität ist, dass die Meetings gehackt und mit verstörenden Inhalten bombardiert werden können. Wer viel Zeit in belanglosen Versammlungen zu verbringen pflegt, mag schon einmal davon geträumt haben, dass plötzlich lustig gekleidete Leute hereinkommen und komische Verrenkungen machen. Dieser Traum kann nun leicht wahr werden durch „Zoombombing“, so der Fachbegriff für die Invasion von Trollen in die Videokonferenz. Allerdings wird das dann eher ein Albtraum sein, wenn die ‚lustigen Leute‘ rassistische Botschaften an die Wände schmieren oder sich pornografisch betätigen. Nicht minder schockierend wäre es, beginge einer der Anwesenden vor den Augen der anderen, die ihm nicht in die Arme fallen, aber auch nicht einfach das Meeting abschalten können, Selbstmord. Aber auch das sind Dinge, die man Zoom nur bedingt vorwerfen kann. Es sind die allgemeinen, lange bekannten Risiken sozialer Netzwerke und digitaler Echtzeitkommunikation.

Andere schlechte Nachrichten besagten, dass Daten von Zoom über Server in China geleitet wurden, als die Server anderswo überlastet waren. Wie groß die Datenmenge war und wie absichtlich die Umleitung geschah, ist unklar – und auf den zweiten Blick sekundär. Entscheidend ist die Einsicht, dass jede Digitalisierung menschlicher Aktionen zugleich ihre Datafizierung bedeutet und dass man letztlich keine Kontrolle hat, wo diese Daten gesammelt und analysiert werden. Denn darum geht es am Ende: Was archiviert ist, kann analysiert werden. Wie man spätestens seit dem Cambridge Analytica-Skandal weiß, weiß man nie, wer wann wo diese Analyse zu welchem Zweck vornimmt.

Da ist es so verständlich wie problematisch, Zoom-Gründer Eric Yuan, der 1997 aus China in die USA immigrierte, als potenziellen Spion seines Herkunftslandes zu betrachten. Zumindest Ciscos Webex, Microsofts Teams und andere Zoom-Konkurrenten dürften an einem solchen Verdacht ihre Freude haben. Dabei ist das eigentliche Datenschutzproblem von Zoom – und eben auch Webex oder Teams – gar nicht, dass die Daten in die falschen Hände geraten, sondern dass so viele Daten anfallen; ein Problem, das freilich nicht erst mit dem Bildschirmmeeting einsetzt.

Alles, was digital ist, ist analysierbar: die Anzahl an Emails, die man bearbeitet hat, die Mitwirkung an Dateien, die zur gemeinsamen Bearbeitung online lagern, die Zeit, die man mit einer Datei verbrachte, die Zeit, die bis zur Beantwortung von Anfragen vergeht. Klar, dass Manager die neuen Werkzeuge der Produktivitätsbewertung lieben, nicht auszuschließen, dass sie Covid-19 insgeheim dafür dankbar sind, die Kommunikationsprozesse einen weiteren Schritt in Richtung Digitalisierung getrieben zu haben. Denn so lassen sich Mitarbeiterinnen mit Effizienz- oder Kollaborationsproblemen viel leichter identifizieren und einem Optimierungs- und Verhaltens-Management-Programm zuführen. Etwas Besseres kann der Vermessungsgesellschaft, die wir bereits sind, gar nicht geschehen – oder eben Schlechteres, je nach dem, von welcher Seite man auf den Bildschirm schaut.[29]

Aber das ist noch längst nicht alles. Das Problem ist nicht nur, dass meine Handlungen und Aussagen peinlich genau analysiert werden können, wenn sie digital erfolgen. Das Problem ist, dass nun, im Kontext der Bildschirmmeetings, selbst meine Gedanken nicht mehr frei sind.

Es beginnt mit dem Ungleichgewicht der Blicke. Man kann dem anderen gar nicht mehr so recht in die Augen sehen. Denn die Augen sehen auf den Bildschirm, statt auf die Kamera darüber. Wer schaut schon gern auf einen grünen Punkt, wenn der andere sich doch darunter befindet. So hat man gegenseitig das Gefühl, den anderen dabei zu beobachten, wie er auf seinen Bildschirm schaut. Wir mögen uns wie der Wächter im Panoptikum fühlen oder die Kommissare hinter dem Einwegspiegel zum Verhörraum. In Wahrheit aber sind wir Zeuge der eigenen Ohnmacht. Denn der oder die dort auf dem Bildschirm, das sind wir selbst, in unserer Zelle, beobachtet im Beobachten durch einen Dritten tief hinter dem Bildschirm.

Der Dritte im Hinterhalt ist jeder, der die Aufzeichnung des Treffens besitzt. Jede, die es offiziell mitschneidet, um ein lückenloses Protokoll der Arbeitsbesprechung zu erstellen, oder heimlich aufnimmt mit einem Bildschirm-Rekorder. Man kann weder ausschließen, dass auch Zoom Aufzeichnungen sammelt noch dass irgendwann ein dubioses Unternehmen diese für dunkle Zwecke erwirbt oder stiehlt und die Welt bald einen neuen Cambridge Analytica-Skandal hat. Man wird erstaunt sein und schockiert. Zu Unrecht. Immerhin, Big Data Mining ist ein florierendes Geschäft in diesen

Zeiten; viele Unternehmen offerieren ihren Service kostenlos, so lange sie dafür unsere Daten bekommen. Kein Grund also zur Annahme, dass diese neue Form der Datengewinnung ungenutzt bliebe.

Die Software zur Analyse unseres Gesichtsausdrucks steht jedenfalls bereit. Zum Beispiel die App *Affectiva*, die ein besseres Verständnis der Stimmungslage eines Menschen aus der Beobachtung seines Gesichts verspricht. Immerhin seien mehr als 90 Prozent der Kommunikation nonverbal: Mimik, Gestik, Stimmlage. Wäre es nicht toll, wenn wir diese 90 Prozent zur Lesbarkeit hin befreien könnten, fragt die Gründerin von Affectiva euphorisch in einer Radiosendung mit dem passenden Titel „Should this exist?"[30]

Gegen soviel Transparenzeuphorie kommen die weißen Männer vergangener Tage nicht an. Charles-Maurice de Talleyrand etwa, der französische Staatsmann unter Napoleon, von dem der Ausspruch stammt: „Die Sprache ist dem Menschen gegeben, um seine Gedanken zu verbergen." Oder der deutsche Soziologe Georg Simmel, der 1907 erklärt: „Das Geheimnis – das durch positive oder negative Mittel getragene Verbergen von Wirklichkeiten – ist eine der größten geistigen Errungenschaften der Menschheit."[31] Oder der deutsche Philosoph Helmuth Plessner, der 1924 der Tyrannei der Intimität in der *Gemeinschaft* das „Recht auf Maske" entgegenstellte, das die Freiheit des Individuums in der *Gesellschaft* sichert.

Dieses Verständnis des Menschlichen weicht im Kontext der Digitalisierung dem Prinzip der Transparenz. Die sozialen Netzwerke, die Datafizierung des Individuums und das „affective computing" realisieren, was in Dave Eggers Roman *The Circle* das Denken des beschriebenen IT-Unternehmens bestimmt: „Secrets are lies, sharing is caring, privacy is theft." Was wissen IT-Entwicklerinnen von der Diplomatie des Alltags? Was wissen sie von der Macht der Rhetorik? Und was vom fairen Kampf unter edlen Feinden!

Apps wie *Affectiva* oder *Beyond Verbal*, die den nonverbalen Teil der Kommunikation auf seine unverstandenen Zwischentöne hin analysieren, sind das Ende der Waffengleichheit. Wenn mein Gegenüber mich durchschaut, habe ich es wohl verdient. Das gilt auf Arbeit und beim Autohändler genauso wie beim Pokerspiel. Wenn aber Ahnungslose mir mit einer Analysesoftware ins Hirn sehen, werde ich nicht von Gleichrangigen zur Strecke gebracht, sondern von denen, die sich die Technik leisten können. So eine App ist wie die Dampfmaschine, die mehr Kraft hat als der kräftigste Schmied, oder wie Geld, das den Hässlichen schön macht.[32] Mit dieser App werden die Ahnungslosen gescheit – und es ist nicht einmal sicher, dass sie dafür auch bezahlen müssen.

Das Prinzip der Bildschirmtreffen erweitert nicht nur den Raum des Big Data-Mining, es bringt auch ganz neue Schürfmethoden mit sich. Nun kann selbst das analysiert werden, was gar nicht gesagt wurde. Allerdings ist das Gedankenlesen auch ohne Zusatz-Algorithmen schon keine gerechte Sache mehr. Jede Chefin, jede Kollegin, die mitschneidet, kann sich meinen Gesichtsausruck in einer bestimmten Situation wiederholt und in Zeitlupe anschauen, um zu entdecken, was ihrer Aufmerksamkeit entging. Mit Zoom liegt man potenziell ständig auf der Couch des Psychoanalytikers. Zoom expandiert das Aufbewahren, das sich mediengeschichtlich auf immer mehr Zeichen ausdehnte, in die letzten Winkel des gesellschaftlichen Lebens.

Was bisher geschah: In der oralen Kultur konnte Gedachtes und Erlebtes nur mündlich weitergegeben werden, was vergessen oder bewusst unterdrückt wurde, war verloren. Die Schrift sicherte das Aufbewahrte gegen Verzerrung, das gedruckte Buch gegen Verlust, die Information war unabhängig von bestimmten menschlichen Interessen gesichert. Mit der Fotografie ließ sich auch das Nonverbale festhalten, mit dem Grammophon auch Klang, mit der Kamera sogar Bewegung. Der Unterschied dieser Aufzeichnungsmedien gegenüber dem Buch besteht nicht nur in der Natur der festgehaltenen Zeichen, sondern auch im Verhältnis zu diesen: Der Fotoapparat nimmt sogar das auf, den Schmetterling da über der Rose, was die Fotografin gar nicht bemerkt. Die Filmkamera verstärkt diesen Trend. Sie nimmt selbst das auf, was trotz genauen Schauens nicht gesehen wurde: die Zehntelsekunde, in der mein Mundwinkel sich verzog, als die Chefin mehr Einsatz für die gemeinsame Sache forderte.

In der Medienwissenschaft nennt man es das Optisch-Unbewusste: Details, die im Ablauf der Ereignisse normalerweise untergehen, gelangen ins Bewusstsein – durch das Anhalten der Zeit im Foto oder die Zeitlupe im Film. Walter Benjamin, der den Begriff prägte, spricht vom „Dynamit der Zehntelsekunde", die den Panzer des Geschehens aufsprengt. Die Zehntelsekunde meines Mundwickels. Dieses Dynamit befindet sich in den Händen derer, die über das Filmmaterial verfügen – also meiner Chefin (die ein Protokoll erstellt), meines Kollegen (der unser Treffen heimlich aufnahm), der Eigentümer der App und, natürlich, des neuen Cambridge Analytica.

Mit Zoom wird die Entdeckung des Optisch-Unbewussten zum Standard. Diese Nebenwirkung der

Pandemie entbehrt nicht der Ironie. Während das Individuum vor der Kamera demaskiert wird, nimmt seine Anonymisierung auf der Straße durch die Maske zu. Dort wo es drauf ankommt (in der Arbeitsbesprechung, im Kundengespräch), wird alles transparent, während es im Banalen (beim Einkauf, bei der Busfahrt) mehr Deckung gibt. Man könnte diese Deckung als demokratische Überschreibung genetischer Privilegien begrüßen, denn wenn wir nur noch unsere Augen sehen, sind wir alle gleich schön, sofern unsere Seele, zu der diese, wie es heißt, das Fenster sind, es ist. Schade nur, dass man so auch das charmante Lächeln verliert, mit dem man bisher selbst dann gut ankam, wenn man unverschämt war. Lächeln geht heute nur noch am Bildschirm, das neue Schlagwort heißt *E-Charisma.*

Das Geheimnis ist nicht nur in dieser Hinsicht Opfer der neuen Technologien. Wenn sich der öffentliche Raum mit dem privaten verbindet, wird potenziell alles, was im privaten einigermaßen sicher war, dem öffentlichen zugänglich. Dabei greift der öffentliche Raum nicht zwingend auf die Geheimnisse des privaten zu, durch Data-Mining oder eine App zur Analyse des Gesichtsausdrucks. Vielmehr machen die Geheimnisse sich selbst zugänglich. Auch dies geschieht nicht unbedingt gezielt oder sorglos, wie im Falle der Familienfotos und des Kerzenständers. Die neue Dimension des Geheimnisverrats ist die ungewollte Selbstentlarvung.

Weder die Frau, die während der Arbeitsbesprechung ihren Laptop auf die Toilette mitnahm, ließ absichtlich Mikrofon und Kamera an, noch der Spanier oder der Brasilianer, die jeweils während der Arbeitsberatung mit ihrem Bürgermeister beziehungsweise Präsidenten duschten (weil die Besprechung sich hinzog und sie überzeugte Multitasker waren), ganz zu schweigen vom Journalisten des *New Yorker*, der die Pause eines Zoom-Meetings nutzte, um in einem zweiten Videoanruf Telefonsex zu haben und dafür die Kamera, die noch mit den Kolleginnen verbunden war, auf sein Geschlechtsteil richtete. Wenn die Technik in den Privatraum drängt und man glaubt, sie zu beherrschen, kann vieles schief gehen. Wie leicht und unumkehrbar ist dann das Privateste öffentlich.

Worin auch immer der Mangel an Medienkompetenz besteht, die Frage ist, wie die Öffentlichkeit damit umgeht, wenn das zu ihr gelangt, was zwar nicht verboten ist, dem etablierten Verhaltenscodex zufolge aber geheim bleiben sollte. Der Journalist vom *New Yorker* war kein guter Präzedenzfall für diese Frage. Als Kind berühmter Eltern höchst privilegiert und inzwischen selbst eine berühmte Person, überzeugter Linksliberaler, vehementer Abtreibungsbefürworter, dazu weiß, männlich und vorbelastet durch eine außereheliche Affäre mit einer 20 Jahre Jüngeren: Er bot zu vielen ein Motiv, auf ihn einzuschlagen. Eine weniger prominente, weniger kontroverse Person hätte wahrscheinlich mehr Raum gelassen für eine sachliche Diskussion dessen, was eigentlich passiert war. Man hätte dann vielleicht mehr auf die Frau gehört, die dem Ertappten mit der Vermutung zur Seite sprang, er sei nicht der einzige, der während eines Zoom-Meetings Dinge tut, von denen die Öffentlichkeit nichts wissen sollte.[33] Vielleicht hätte der *New Yorker* gar, in seiner berühmten Art, gestichelt, die Menschen sollen nicht so phalluszentriert sein, sondern erkennen, wofür dieser hier eigentlich steht.

Wer diesen Vorfall nicht als Kuriosität unserer verrückten Zeit abtut, sondern medienwissenschaftlich interessiert befragt, wird wissen wollen, wie sich hier das Mediale zum Sozialen verhält. Sie wird wissen wollen, warum ein so Ertappter zum Spott auch noch den Schaden haben muss. Warum musste er von all seinen Ämtern entlassen werden? Warum musste er sogar aus dem Film (mit dem in diesem Kontext hoch-ironischen Titel *The Undoing*) herausgeschnitten werden, den er selbst schrieb und in dem er einen kurzen Auftritt hatte? Weil er während der Arbeitszeit Privates erledigte? Das wäre ein schwaches Argument, wenn sich die Arbeit so ins Private drängt, dass es kaum noch einen sicheren Feierabend gibt. Und was wäre dann mit all denen, die während eines Bildschirmmeetings heimlich auf Facebook sind? Muss er entlassen werden, weil er außerehelich Telefonsex hatte? Was ist das eigentliche Verbrechen: das Fremdgehen oder die Spielart des Sexes? Obliegt es in beiden Fällen nicht eher seiner Frau als seinem Arbeitgeber, ihn zu entlassen? Oder ist es am Ende die mangelnde Medienkompetenz, das peinlich Persönliche geheim zu halten, die eine Entlassung unvermeidlich macht? Das könnte gefährlich werden für uns alle. Denken wir nur an die Frau mit dem Laptop auf dem Klo, deren Urinieren versehentlich ins Sichtfeld der Kollegen gelangt. Auch das produziert ja entsetzliche Bilder, die ihre unverhofften Zeugen nicht ungesehen machen können.

Die offizielle Erklärung war, dass man Vorfälle am Arbeitsplatz sehr ernst nehme und ein Umfeld garantieren wolle, in dem sich jeder respektiert fühlt und die Verhaltensstandards einhält.[34] Das klingt, als gehe es um sexuelle Belästigung am Arbeitsplatz (einige haben den Vorfall tatsächlich so kommentiert), und es klingt plausibel für eine Zeit, da der Arbeitsplatz noch nicht der heimische Schreibtisch war. Ansonsten unterstreicht die Erklärung des Personalchefs vor allem dies: Man verdammt das Geheime, wenn es in peinlichster Weise öffentlich geworden ist, nach den Maßstäben des letzten Jahrhunderts, obgleich die neuen Technologien in den letzten Jahren so massiv in den Privatraum der Bürger eingedrungen sind, dass die Öffentlichkeit immer nur einen Klick im Interface entfernt ist.

Das veränderte Machtverhältnis zwischen dem privaten und dem öffentlichen Raum führt offenbar nicht (wie man noch vor zehn Jahren annahm) dazu, die Leichen im Keller der anderen milder zu bewerten, weil die Gefahr soviel größer ist, dass auch die im eigenen entdeckt werden (wer wirklich keine hat, der werfe den ersten Stein). Eher spielt man Russisch Roulette und hofft, lebend davonzukommen. Anders gesagt: Weil die Gesellschaft sich mental nicht auf den Stand ihrer Technik bringt und unfähig ist, diesem die Bewertung des Verhaltens ihrer Bürger anzugleichen, bleibt den Bürgern nichts anderes übrig, als ihr Verhalten dem Stand der Technik anzugleichen. Härter formuliert: Die Politik lässt die Bürger mit den Kollateralschäden der Digitalisierung völlig allein. Aber wer ist hier die Gesellschaft? Und was könnten die Politiker tun?

Was den missratenen Präzedenzfall betrifft, relativierte ein Artikel in der *New York Times* zwei Monate später das ergangene Urteil mit der Frage, was eigentlich das Verbrechen des Ertappten sei und ob seine Arbeitgeber, die sich so radikal von ihm distanziert hatten (darunter eben auch der ach so liberale *New Yorker*), plötzlich zum Katholizismus konvertiert seien. Selbst jene, die das Ereignis als „traumatisch" empfunden hatten, sahen darin nun eher das „Zoom-Äquivalent zu einer unangemessen langen Mittagspause, während der man Sex hat und dabei entdeckt wird".[35] Auch dieser Artikel aber schafft es nicht zur Aussage, dass der Vormarsch der Digitalisierung eine Neuverhandlung des Verhältnisses von Gesellschaft und Geheimnis verlangt. Vielmehr bleibt er auf die Person fokussiert und entzieht sich der Vertiefung mit dem Einspruch, den diese selbst zwei Jahre zuvor hatte für den Vorwurf, es gebe eine gesellschaftliche Kampagne gegen weiße Männer : „All this whining about the poor plight of white men is ridiculous." Ein Ende, das der Ertappte verdient haben mag, nicht aber das Problem, für das er steht.

Die Nebenfolgen der neuen Kommunikationsform sind vielfältig und keineswegs alle so bedrohlich wie hier vermerkt. Im Gegenteil, man hat der Zoom-Gesellschaft bereits eine freundlichere Kultur des zwischenmenschlichen Umgangs nachgesagt. Denn es redet sich anders mit Bankangestellten, Versicherungsvertretern oder Beamten, wenn man sie nicht in ihrem eindrucksvollen Büro mit Blick auf die Stadt trifft, sondern in ihrem Arbeitszimmer daheim unterm Dach, ohne Anzug und Krawatte, aber mit Familienfoto und Kerzenständer. Wieviel persönlicher wird da alles! Wieviel netter und entspannter. Es gab natürlich schon immer Menschen, die auch zuhause Krawatte tragen, und es ist durchaus verständlich, dass in den Zeiten des Home-Office und Lockdowns sich manche zuhause eleganter als sonst kleiden, um der lauernden Verlotterung vorzubeugen. Insgesamt aber geht der Trend zum Freizeithemd.

Ganz in diesem Sinne gehörte zu den frühesten Zoom-Witzen, dass nun die halbe Bekleidungsindustrie Bankrott gehen werde, weil man nur noch oben etwas anziehen müsse. Es stimmt gewiss, dass Anzüge und Krawatten jetzt weniger oft gekauft werden. Und es mag auch sein, dass sich der eine oder die andere einen rebellischen

Spaß daraus macht, halbnackt zum Arbeitstreffen zu erscheinen. Wie zu sehen war, lauten die Stichworte der Telekommunikation jedoch nicht nur Privatzimmer und Freizeitkleidung, sondern auch *affective computing* und Optisch-Unbewusstes. Digitalisierung bedeutet Datafizierung, und Daten begegnen früher oder später ihrer Analysesoftware. Kein verschmitztes Lächeln gegenüber der Chefin geht da mehr verloren. Das Data-Mining – das die digitalen Technologien in alle Bereiche unseres Lebens vorantreiben und das die IT-Unternehmen sich derweil fleißig patentieren lassen[36] – vertieft sich ins Unbewusste. In Wahrheit sind wir alle nackter, als wir denken. Will man dies vermeiden, muss man weiter gehen, als das Gesundheitsamt fordert, und auch am Bildschirm Maske tragen.

Was für eine altmodische Reaktion auf die Herausforderung einer innovativen Technologie das wäre! Moderner eingestellt verweist man auf technische Probleme (zu wenig Internet) oder Missbehagen (Privacy-Bedenken) und deaktiviert die Kamera während des Meetings. Studierende tun das nicht selten und oft haben sie dann während des Seminars frei. Das geht gut, wenn man jung ist und den Host bezahlt. Arbeitnehmer können sich nicht so einfach off-screen schalten. Ihre beste Option: Technik mit Technik bekämpfen, durch eine App, die ihre Mimik in der Übertragung so korrigiert, dass sie der Analyse-App auf der anderen Seite die gewünschte Emotion präsentiert, also den Mundwinkel nach oben zieht und das Gähnen durch einen inspirierten Blick ersetzt. Es wäre die passende Antwort auf den Angriff der Außenwelt auf die Innenwelt; eine Antwort, die mit den Waffen der Gegner operiert. Kaum zu glauben, dass dieses neue Geschäftsfeld noch nicht bestellt wird.

Deplatforming

Ohne Zweifel: Covid-19 brachte die sehr reale Erfahrung der Entschleunigung mit sich. Der Kapitalismus operiert gewöhnlich mit einer Geschwindigkeit, die keine Zeit lässt für Solidarität. Alle befinden sich im Hamsterrad, jede muss sehen, wo sie bleibt. Durch die Entschleunigung wird der Mensch wieder sichtbar. Man macht diese Erfahrung, wenn in hektischen Städten wie New York der Schnee einbricht: Wie langsam dann alles geht, wie die Menschen an den Schneebergen sich den Vortritt lassen, einander die Hand geben, damit niemand fällt, sich Glück auf dem Weg wünschen. So ist Covid-19 – und vielleicht sagen deswegen gerade auf dem Höhepunkt des ersten Lockdowns mehr Menschen (74%) als zuvor (66%), es gehe ihnen gut.[37]

Das Virus macht allerdings nicht nur den Menschen wieder sichtbar. Es lässt auch die Gesellschaft erkennen, auf die wir seit Jahren zusteuern. Bei aller Entschleunigung des Lebens, die Covid-19 mit sich brachte, es bedeutete zugleich die Beschleunigung der Digitalisierung. Sicher, wir kauften schon vorher unsere Bücher und vieles mehr online. Auch kommunizierten wir schon vorher mit dem Onkel in Rio und der Kollegin in Boston per Skype und teilten die Urlaubsbilder über soziale Netzwerke. Trotzdem: Jetzt, da alles nur noch online geht, ist es anders. Jetzt, da man absolut auf das angewiesen ist, worauf man sich bisher im Zuge der allmählichen Digitalisierung immer mehr eingelassen hat, sieht man, wie wenig dies zufriedenstellt.

Einkaufen nur noch online? Arbeitsbesprechungen und Unterricht nur noch am Bildschirm – ebenso wie Familientreffen, Skatabend, Konzert, Kino? Kein Gespräch unter vier Augen mit den Kolleginnen mehr jenseits der offiziellen Arbeitsbesprechung? Stattdessen der Arbeitgeber permanent auch daheim dabei? Noch mehr Daten unseres Daseins an die Big Data Industrie? Wie bedrohlich klingt plötzlich die alte Losung des Silicon Valley: *disruptive innovation*! So ungehemmt und omnipräsent kommt Störung nicht mehr als Versprechen an. Der *New Yorker* erklärt den feinen Unterschied am 29. Dezember mit einem Cartoon, das zwei junge Frauen auf dem Sofa an ihren Smartphones zeigt: „I can't wait until I can look at my phone in a bar again."

Das angehaltene Leben ist wie ein Sprung in die Zukunft, auf die man sich bisher schleichend zubewegt hat. Unversehens in sie geworfen bezweifeln wir, dass sie uns gefällt. Man hat der Entschleunigung nachgesagt, den Wohnort wieder als Heimat sichtbar zu machen, jetzt, da man nicht mehr in die Welt jetten kann. Man sprach von einer Renaissance der Orte, von der Schönheit vor der Haustür. Wer an den Aufschwung des Online-Handels denkt, sieht eher verwaiste Innenstädte. Es ist längst nicht mehr zu ignorieren: Die digitalen Technologien bestimmen das individuelle und gesellschaftliche Leben in einem Ausmaß, dass man sie als systemrelevant betrachten muss, als „public common", das nicht der Willkür einiger CEOs und der Logik der Profiterwirtschaftung überlassen bleiben darf. Ein denkwürdiger Tag in dieser Hinsicht war der 20. Juli, ein zweiter der 8. Januar 2021.

Der 20. Juli ist der Tag, an dem Amazon-Chef Jeff Bezos 13 Milliarden US-Dollar reicher wurde. Milliarden? Ja. An einem Tag? Ja, da der Wert der Amazon-Aktie an diesem Tag korrigiert wurde und damit auch das Vermögen von Amazons Hauptaktionär. Eigentlich nichts Ungewöhnliches, das sich schon am 31. Juli wiederholte; auch wenn Bezos da nur 7 Milliarden machte. Bei dieser Geschwindigkeit, so schätzt die Finanzwelt, ist Bezos 2026 Billionär. Er wird dem Corona-Virus danken, das den Online-Handel in ein epidemiologisches Muss verwandelte, und die Textverarbeitungsprogramme bitten, das Wort „Billionär" beziehungsweise „Trillionaire" nicht länger als Schreibfehler zu markieren.

Der 20. Juli 2020 ist ein ebenso abgrundtiefes Symbol wie der 31. Juli und all die anderen Tage, an denen der Wert der IT-Giganten in Milliardenschritten steigt. Ein Symbol für den unermesslichen Zuwachs ihrer Macht in der Gesellschaft und *über* diese. Der Widerstand dazu äußerte sich, gewaltlos und diskursiv, neun Tage später, als Bezos zusammen mit den CEOs von Apple, Google und Facebook vom Kongress zum Missbrauch ihrer Monopolstellung verhört wurde. Anfang Oktober lag der Report dazu vor; 450 Seiten, mit der Empfehlung, die IT-Giganten zu zerschlagen und das Kartellrecht zu aktualisieren. Also alles gut?

Keineswegs. Der immer verbissener geführte Machtkampf zwischen Demokraten und Republikanern äußert sich auch hier. Die Republikaner weigern sich, den Report mitzutragen, weil er zu wenig die Sorge spiegele, dass soziale Netzwerke wie Facebook liberale Positionen favorisieren. Ein alter Vorwurf, der plausibel klingen mag angesichts der liberalen Haltung des Silicon Valley, aber absurd erscheint angesichts all der rechts-radikalen

Facebook-Gruppen. Man erinnere sich an die Headlines nach Trumps Wahlsieg: „US Election 2016: Trump's ‚hidden' Facebook army" (*BBC*, 15. 11. 2016), „Did Facebook Really Elect Trump President?" (*The Huffington Post*, 25. 11. 2016), „Donald Trump says Facebook and Twitter ‚helped him win'" (*The Verge*, 13. 11. 2016). Auch im Jahr 2020 ist Facebook keineswegs das Hauptquartier der politischen Linken, und als der Einspruch der Republikaner gegen den Report der Untersuchungskommission erfolgte, hatte Facebook noch nicht einmal etwas gegen die QAnon-Sites auf seiner Plattform unternommen. Die Zerrissenheit der Politik verhindert jede ernsthafte Maßnahme gegen die IT-Magnaten. Bezos und die anderen CEOs durften hoffen, dass sich daran in nächster Zeit nichts ändert – bis ihre Macht so gefestigt ist, dass sich nichts mehr ändern kann.

Das Jahresende wurde in dieser Hinsicht noch sehr spannend. Am 9. Dezember verklagten fast alle US-Bundesstaaten Facebook wegen Missbrauch seiner Monopolstellung. Das Ergebnis könnte die seit langem beschworene Zerschlagung des Unternehmens in seine drei Kerndienste Facebook, Instagram und WhatsApp sein. Wie ein Zeitungsartikel nun prophezeit: „Die Traulichkeit zwischen Washington und Big Tech ist vorbei."[38]

Eine Woche später stellte die EU den *Digital Markets Act* vor, der es den IT-Giganten erschweren soll, ihre Monopolstellung auszunutzen und etwa, wie Google und Amazon, die eigenen Marken bei einer Suche ganz oben anzuzeigen oder Kunden Exklusivverträge aufzunötigen, die ihnen verbieten, ihr Produkt auch im eigenen Shop oder auf anderen Portalen anzubieten. Ebenso soll der Netzwerkeffekt ausgehebelt werden durch die Verpflichtung zur Interoparabilität zwischen verschiedenen Netzwerken, so dass zum Beispiel ein Tweet auch von einer WhatsApp- oder Threema-Nutzerin empfangen werden kann.

Allerdings belässt es die EU nicht bei kartellrechtlichen Maßnahmen. Sie versucht zugleich, mit dem *Digital Services Act*, die Demokratie zu retten: Die Plattformbetreiber sollen stärker für die Inhalte haften, die auf ihren Plattformen geteilt werden, einschließlich Fake-News und Hate-Speech. Kritiker fürchten deswegen zu Recht – wie schon im Falle des Netzwerkdurchsetzungsgesetzes (2017 vom Bundestag beschlossenen) und der Datenschutzgrundverordnung (2018 von der EU beschlossenen) – das proaktive, algorithmische „Overblocking" durch die Plattformbetreiber und damit einen Angriff auf die Meinungsfreiheit. Bedeuten solche Regulierungsmaßnahmen also das Ende des liberalen Internets? Oder droht eher ohne sie das Ende der deliberativen Demokratie?

Das Dilemma, in dem sich nicht nur die EU befindet, beginnt lange vor den sozialen Medien. Es verweist auf das Spannungsverhältnis, das der Demokratie von Anfang an innewohnt: das Spannungsverhältnis zwischen liberalen Werten und liberalen Partizipationschancen. Seit dem Beginn der Demokratie haben die Demokraten Angst vorm Volk und versuchen, dessen unmittelbare Mitbestimmung abmildern: durch Repräsentanten als Vermittler und durch den Ausschluss bestimmter Gruppen vom Wahlrecht (Besitzlose, Frauen, Migranten). Das ist zum einen ungerecht, zumal wenn ganze Bevölkerungsgruppen von der politischen Mitsprache ausgeschlossen werden (in Deutschland die Frauen bis 1919, in der Schweiz bis 1971). Zum anderen ahnt man, dass viele liberale Gesetze (von der Flüchtlingsaufnahme bis zur gleichgeschlechtlichen Ehe) auf der Straße keine

Mehrheit fänden. Die Politikwissenschaft diskutiert das Problem unter den Begriffen „illiberale Demokratie“ und „undemokratischer Liberalismus“. *(Ent-)Demokratisierung der Demokratie*, der Titel eines 2020 erschienenen Buches, bringt beides als unvermeidliche Dialektik der Demokratie zusammen: die „Ausweitung von Partizipationschancen“ birgt eine Gefahr für den Wertekatalog der Demokratie.[39]

Das zentrale Instrument erweiterter Partizipation ist das Internet. Hier können sich alle mehr oder weniger frei und an den bisherigen Gatekeepern vorbei öffentlich äußern und mit entsprechendem aufmerksamkeitsökonomischem Geschick ein größeres Publikum erreichen als gewählte Politiker. Das hat Vor- und Nachteile, wie nicht nur der begriffliche Fortgang von „Facebook-Revolution“ im Kontext des Arabischen Frühlings zu Trumps „Facebook army“ erkennen lässt. Es waren die Mobilisierungsmöglichkeiten des Internets, die einem Howard Dean, Barack Obama und Bernie Sanders, aber eben auch einem Donald Trump erlaubten, alternative Formen der Wahlkampffinanzierung zu finden und so am jeweiligen Parteienestablishment vorbei als Präsidentschaftskandidat ihrer Partei anzutreten. Und es sind die Mitteilungsformen der sozialen Medien, die Trump dann ermöglichten, „mit cäsarischen Tendenzen jenseits der Repräsentativverfassung direkt mit dem Volk im Dienste einer neuen Souveränität“ zu kommunizieren.[40]

Die Zeit nach Trumps Wahlsieg zeigt, dass die Demokratisierung der *Teilhabe* zu einer Entdemokratisierung der *Werte* führen kann. Diese Dialektik offenbart sich gerade an den sozialen Medien, die zunächst als Demokratieverstärker gefeiert wurden, mit zunehmender Verbreitung aber immer mehr als Gefahr für die Demokratie wahrgenommen werden. Es wäre sicher verkürzt zu sagen, dass sich die EU mit ihrem Gesetzesvorschlag auf die Seite des undemokratischen Liberalismus schlägt und durch neue Ausschlussmechanismen in den sozialen Medien liebgewonnene Werte der demokratischen Gesellschaft zu sichern sucht. Unverkennbar aber ist der Versuch, die staatliche Informationshoheit im öffentlichen Raum wiederherzustellen.

Dieser Versuch erscheint umso plausibler, als die Öffnung der diskursiven Teilhabe nicht, wie etwa im Falle des Frauenwahlrechts, eine konkrete politisch-soziale Errungenschaft darstellt, sondern, wie im Falle des Buchdrucks, sich aus einer allgemeinen technischen Entwicklung ergibt – gewissermaßen als Geschenk junger Programmierer im Silicon Valley, die weder die Folgen ihrer Gabe antizipierten noch in der Lage sind, diese zu kontrollieren. Das Signal der EU-Gesetzesinitiative ist unverkennbar: Das Grundrecht der Meinungsfreiheit muss unter den Bedingungen seiner digitalen Durchsetzung neu verhandelt werden – immerhin kann man nicht warten, bis eine fehlgeleitete Menge eines Tages mehr als nur die Stufen des Reichstags stürmt. Das bringt uns zum anderen denkwürdigen Tag, was die Macht der IT-Unternehmen betrifft.

Am 8. Januar 2021, zwei Tage nachdem Trump-Anhänger das Capitol gestürmt hatten, sperrt Jack Dorsey dauerhaft den Twitter-Account des Präsidenten. Jack Dorsey, ein Mann mit Hipsterbart und Nasenring, ist der CEO von Twitter und in gewisser, sehr folgenreicher Weise mächtiger als der mächtigste Mann der Welt. Denn ohne Zugang zu Twitter verliert Trump, der faktisch mittels Twitter regierte, den Zugang zu seinen Anhängern und damit das Pfand, das ihm im Kampf um seine politische Macht geblieben war. Das „Deplatforming“, so das Fachwort der Sperrung und Unwort des Jahres in nicht zu weiter Zukunft, war nötig geworden, weil, so Dorsey, von Trump die Gefahr ausgeht, zu weiteren Unruhen aufzurufen. Auch Facebook, YouTube und andere soziale Netzwerke sperren Trumps Accounts zumindest vorübergehend.

So schnell dreht sich der Wind. Gerade noch rief die Politik zum Angriff auf die IT-Unternehmen, jetzt setzen die den mächtigsten Politiker schachmatt. Endlich, werden viele gedacht haben – mit einer Mischung aus Dankbarkeit und Wut gegenüber Dorsey, Zuckerberg und all den anderen Entscheidungsträgern im Feld der sozialen Medien, deren Portale die Meinungskultur, die sie nun schützen wollten, ja erst derart in Bedrängnis gebracht hatten. Dass Twitter nach den Ausschreitungen in Washington zugleich mehr als 70 000 Konten von QAnon-Verschwörungstheoretikerinnen löschte und Amazon der rechten Chat-Plattform Parler kündigte, erzeugt schnell den Appetit auf mehr und Hashtags wie #AfDRausAusTwitter und #AfDTwitterBanNow.

Auch der Widerspruch lässt nicht lange auf sich warten. Die Bundeskanzlerin, weder Fan von Trump noch AfD, warnt vor der Machtverschiebung zwischen Politik und Wirtschaft, die sich hier ausdrückt: Die Meinungsfreiheit sei ein elementares Grundrecht, dessen Einschränkung nicht im Ermessen privater Unternehmen liege, sondern in den Händen der Gesetzgeber. Hätte Dorsey also warten sollen, bis das Parlament Trump entmachtet oder zumindest die Sperrung seines Twitter-Kontos verfügt? Natürlich nicht. Aber diese Antwort taugt wenig für das Problem, um das es hier geht. Denn die Entmachtung des Präsidenten der USA durch den CEO von Twitter schafft einen Präzedenzfall für die Entmachtung des Parlaments durch mächtige Privatpersonen.

Der Präzedenzfall des 8. Januar 2021 rückte Twitter und die anderen Social-Media-Unternehmen ins Zentrum der politischen Aufmerksamkeit. Es konnte nicht ignoriert werden: Es war eine fünfte Macht im Staat entstanden, der jegliche politische Legitimation und Kontrolle fehlt. Eine Macht, mit der Populisten wie Trump Politik vorbei an der vierten Macht betreiben, aber, wie sich nun zeigt, nur so lange, wie es die CEOs erlauben. Die Regulierung von Trump und seinen Anhängern durch Twitter und die anderen Social-Media-Unternehmen entfachte die politische Diskussion, ob nicht diese selbst stärker reguliert werden müssten.

Wie wichtig eine gesetzliche Regulierung ist, zeigt ein weiteres, viel weniger aufsehenerregendes Deplatforming. In diesem Falle wies Eric Yuan, CEO von Zoom, Lynn Mahoney, Präsidentin der San Francisco State University, in die Schranken. Das Zoom-Management hatte eine von Lynn Mahoney genehmigte Zoom-Konferenz mit der Gastrednerin Leila Khaled blockiert, weil diese zur Volksfront zur Befreiung Palästinas gehört, die von den USA (und ebenso von der EU) als Terrororganisation eingestuft wird (Khaled selbst war an zwei Flugzeugentführungen 1969 und 1970 beteiligt). Zoom sah in diesem Meeting „a violation of Zoom's Terms of Service“ und entzog für diesen Fall seine Dienste; Lynn Mahoney sah darin eine Einschränkung akademischer Freiheiten: „the silencing of controversial views“.[41] So sündigt Zoom in alle Richtungen: Es macht, wie im vorige Kapitel zu sehen war, das Verborgene sichtbar und bestimmt, wie sich nun zeigt, wer oder was aus dem Verborgenen hinaus ins Sichtbare treten kann. Was für eine Macht für ein so junges Unternehmen.

Der Streit, wer zu wem wie sprechen darf, ist mittlerweile fast ein Alltagsphänomen, und zwar auch im analogen Leben, wie die Mit-Rechten-Reden-Debatte zeigt. Immer geht es dabei auch um die Frage, inwiefern der Schutz liberaler Werte die Reduktion von Partizipationschancen rechtfertigt, ganz egal ob das dann Deplatforming oder Cancel Culture heißt oder Aktivismus. Neu ist, dass nun gar keine öffentliche Auseinandersetzung mehr darüber stattfindet, ob eine öffentliche Auseinandersetzung stattfinden soll, wie das noch der Falle ist, wenn in der Universität der körperliche Einsatz problematischem Gedankengut die Bühne des Hörsaals verwehrt. Jetzt, da sich Vorträge und Konferenzen in das Reich des Digitalen verschieben, verschiebt sich die Entscheidung über das Stattfinden an Dritte. Dann ist es nicht mehr die Präsidentin der Universität oder die Gruppe der Aktivisten, die das letzte Wort hat, sondern der CEO des benutzten Kommunikationsunternehmens.

Dass die Präsidentin im vorliegenden Fall dem Unternehmen das Recht aufs letzte Wort zugesteht („Zoom is a private company that has the right to set its own terms of service in its contracts with users"), mag den konkreten Streit schlichten, löst aber nicht das Problem. Soll hier wirklich das Recht der Privatunternehmen auf freie Meinungsäußerung gelten, wozu in den USA auch das Recht gehört, Äußerungen zu unterbinden, die gegen betriebseigene Etikette verstoßen? Denn so fiele, wenn das Unternehmen nicht Autos produziert oder Straßen baut, sondern die gesellschaftliche Infrastruktur der Meinungsäußerung bereitstellt, die Redefreiheit durch die Hintertür in die Hände von Privatpersonen, die primär nicht dem Souverän und seinen Repräsentanten im Parlament verpflichtet sind, sondern den Aktionären. Die juristische Anschlussfrage lautet dann, ob das Unternehmen (Facebook, YouTube, Twitter oder eben Zoom) weiterhin berechtigt sein sollte, seine Benutzungsregeln selbst zu bestimmen. Die politische Anschlussfrage wiederum zielt auf die Vergesellschaftung solcher Unternehmen, wozu es Für und Wider auf allen Ebenen der Verhandlung gibt.

Wie dieser Disput ausgeht, wird sich zeigen. Zu hoffen ist, dass die Causa Dorsey versus Trump den Diskussionsprozess ebenso beschleunigt wie Corona den Digitalisierungsprozess. Zu wünschen bleibt, dass dabei genug Aufmerksamkeit abfällt auch für die diskreten Formen der Machtverschiebung, wie sie der Zoom-Vorfall illustriert. Es wäre die überfällige Gegenbewegung zur schleichenden Übernahme der Gesellschaft durch das Digitale. Nicht auszuschließen, dass die Pandemie diesen Vorgang sogar befördert; immerhin verdeutlichen die enormen Gewinnverluste der anderen Unternehmen (und die somit entgangenen Einnahmen für den Staat) im Kontrast zur Gewinnexplosion bei den IT-Unternehmen umso mehr, wie wenig Steuern diese eigentlich im Land der Gewinnerwirtschaftung zahlen.

Auch die jetzt erlebte Digitalisierung von allem und jedem lässt fragen, wie lang man sich noch auf die Zustimmung oder zumindest Gleichgültigkeit der Menschen verlassen kann. Setzt der Frosch nun doch noch zum Sprung an? Denn das ist das übliche Gleichnis zur Beschreibung der schleichenden Digitalisierung: der Frosch im Wasserglas, dessen Temperatur stetig, aber langsam steigt, weswegen der Frosch nicht springt, bis er es nicht mehr kann. Das Coronavirus erhitzte das Wasser mit einem Schlag um zwanzig Grad. War das die Rettung?

Eine Pandemie ist nicht die rechte Zeit für einen solchen Sprung. Die epidemiologische Vernunft verlangte, vorerst genau an dem festzuhalten, woran man nun zu leiden begann: Online-Shopping (Amazon bedankt sich), Videokonferenzen (soweit sie Zoom zulässt), Home-Kino (Netflix freut es), Home-Office, Home-Schooling und so weiter. „Was Merkels Corona-Kabinett da beschlossen hat, ist ein Konjunkturprogramm für Amazon und Co.“, klagte eine Regionalzeitung im November.[42] Richtig. Aber was wollte man damit sagen? Soll man wegen Amazon & Co. etwa keine Schutzmaßnahmen für die Geschäfte verhängen? Soll man die Kinos offen halten, damit es sie nach Corona noch gibt? Die Klage der Zeitung verweist auf das Dilemma, in dem man sich in der Pandemie befand: Es war nicht die Zeit, sich gegen das Digitale zu wenden, so gern man es auch gerade in diesem Moment getan hätte. Das Schicksal legte dem sprungbereiten Frosch ein Gitter aufs Glas. Zwanzig Grad mehr auf einen Schlag und keine Chance des Entkommens. Was für eine Metapher für unsere Zukunft: Wir müssen umarmen, was uns eigentlich erdrückt. Stimmt das?

Es bleibt nach wie vor ungewiss, wie viele Menschen, die nicht an der Digitalisierung verdienen, dieser mit Freude entgegenblicken. Für beide Seiten gibt es mehr oder weniger gute Argumente, die hier nicht gegeneinander abzuwägen sind.[43] Festzuhalten bleibt: Ja, das Virus setzte den „kapitalistischen Autopiloten“ außer Betrieb und schuf somit ganz unverhofft ein „Gelegenheitsfenster“ auch für die „Verschiebung von Kräfteverhältnissen“, wie es bei jenen hieß, die in dieser Krise auch eine Chance sahen.[44] Aber: Das Virus deaktiviert nicht das Digitale, jenen

Zweig des Kapitalismus, in dem seine Zukunft liegt. Im Gegenteil, das Digitale kam unter den Bedingungen der Pandemie erst so richtig zu sich: in Gestalt von Amazon und Zoom, aber eben auch von Twitter und anderen sozialen Netzwerken, auf denen die Meinungsbildung der Gesellschaft nun stattfand. Der Schaden, der aus diesem neuen Kräfteverhältnis entstand, war durch das Deplatforming von Trump & Co keineswegs erledigt. Die fünfte Gewalt hatte inzwischen eine Macht entwickelt, der sich nur wenige entziehen konnten: Selbst die Vertreter der ersten waren ihr fast hoffnungslos ausgesetzt und ebenso die der zweiten, der dritten und der vierten.

Infodemie

Es war die Stunde der Experten; jedenfalls am Anfang. Keine Talk-Show zur Corona-Krise ohne Virologen oder Epidemiologen. Es war ein Comeback, denn Experten hatten seit dem Internet keinen guten Stand mehr. Nun klebte man wieder an ihren Lippen; was wusste man schon von Viren, und was von diesem. Selbst im Internet hatten sie Erfolg, mit einem Podcast wie *Coronavirus-Update*, dessen Episoden Titel trugen wie „Das Gedächtnis der Zellen" oder „Der weiße Fleck in der Pandemie". Es war zu schön, um wahr zu sein. Und so erstaunt kein bisschen, dass es bald vorbei war. Die Stunde der Experten endete, als immer mehr von ihnen auftraten und begannen, sich öffentlich einander zu widersprechen. Dieses Gutachten gegen jenes, diese Schlussfolgerung gegen jene. Obendrein widersprachen die Experten auch noch sich selbst, wenn sie heute etwas anderes sagten als gestern, zur Maskenpflicht, zum Grippevergleich, zum Lockdown.

So ist Wissenschaft. Erst recht, wenn sie wie hier in Echtzeit betrieben wird: Sie zweifelt an sich selbst, jedenfalls wenn sie gut ist und besser werden will. Das Publikum aber war perplex, enttäuscht, verärgert. Drei Experten, fünf Meinungen? Wenn nicht mal die Virologen mit einer Stimme sprechen, wem soll man da noch glauben! Am besten wohl dem, der wenigstens von sich selbst überzeugt ist. Die Gesellschaft ist nicht die Universität. Die Gesellschaft behandelt Wissen wie die Schule: Es gibt eine Wahrheit, und die wird am Ende auch geprüft. Eine Pandemie ist nicht die Zeit für ein erkenntnistheoretisches Upgrade. Man bedauerte fast, dass die Vermessung der Gesellschaft nicht weiter vorangeschritten war: Erschiene zu jeder Expertin zugleich der Track-Record, wie oft sie in der Vergangenheit mit ihrer Analyse richtig lag, hätte man sich doch an etwas halten können.

Es war die Stunde der Meinungen, in all ihren Facetten und umso mehr, je weiter man sich vom Medizinischen entfernte. Denn es war auch dies: die Stunde der Entscheidungen. Unter normalen Bedingungen gab es keine Frage, wie viele Menschen in ein Kino oder Fußballstadion dürfen. Es war voll, wenn es voll war. In dieser besonderen Zeit war die Zuschauerzahl Gegenstand der epidemiologischen Vernunft. Technisch gesehen gab es 10 000 mögliche Antworten, wenn das Stadion 10 000 Menschen Platz bot. Eine Pandemie ist, um bei der Metapher zu bleiben, wie eine Weltmeisterschaft in Brasilien: Es gibt dann so viele Fußballnationaltrainer wie Einwohner. Alle haben sie ihre eigenen Ansichten und Quellen, jede glaubt, sie verstehe mehr von der Sache als ihr Nachbar. Und während die einen strengere Maßnahmen fordern, beklagen die anderen die „Angstherrschaft" der Regierung. Keine der 10 000 Entscheidungen ist alternativlos, weswegen auch keine die „richtige" sein kann.

Das Problem, nie alternativlos richtig zu liegen, zieht sich durch Raum und Zeit. Warum sind fünf Meilen Bewegungsradius in Großbritannien erlaubt und nicht sechs oder sieben oder zehn? Wartet das Virus am Meilenstein fünf? Warum ist in Frankreich zum Lockdown im Herbst eine Stunde Aufenthalt im Freien erlaubt und nicht drei? Warum dann Ende November drei Stunden und nicht vier? Hat das Virus eine Uhr dabei? So schön sich solche Fragen auch zuspitzen lassen, hilfreich ist das nicht. Es muss eben eine Zahl genannt werden: zum Radius, zur Dauer, zu den Sitzplätzen. Und keine kann je *die* richtige sein. Das wissen selbst die, deren Zahl dann gilt. Da ist Protest vorprogrammiert. Das ist das eigentliche Dilemma der Pandemie und die eigentliche Zumutung, die das Virus dem Menschen bringt: Dass es richtige Entscheidungen nur im Nachhinein gibt. Man zitierte dieser Tage viel Carl Schmitt, den Politikwissenschaftler mit NSDAP-Mitgliedsbuch: „Souverän ist, wer über den Ausnahmezustand entscheidet". Nun endlich verriet der Satz sein Geheimnis: Souverän ist, wer *im* Ausnahmezustand entscheidet.

So mutierte das Comeback der Experten zum Showdown und endete als Desaster. Die Schuld lag nicht bei ihnen. Die Bekämpfung der Pandemie krankte an der Infodemie, die erstmals 2003 im Umfeld der SARS-Epidemie diagnostiziert worden war: eine Mischung aus Fakten, Gerüchten, Ängsten, Bedürfnissen und Propaganda, erstellt und verbreitet in den sozialen Medien.[45] Die Infodemie hatte seit Ausbruch des Internets fast das ganze Land verseucht. Das ergab keine Herdenimmunität, nur den brodelnden Überschuss an Nationaltrainern.

Anfang April kam es zu den ersten Anti-Corona-Demonstrationen. So nannte man die Proteste nicht gegen das Virus, sondern gegen die Maßnahmen zu dessen Eindämmung: gegen Beschränkungen der Reise- und Bewegungsfreiheit und des Versammlungsrechts, gegen Home-Schooling und geschäftsschädigende Restriktionen und gegen die Maskenpflicht. Die Proteste hatten leichtes

Spiel angesichts der widersprüchlichen Maßnahmen in den verschiedenen Bundesländern und angesichts der schwer vermittelbaren Regelungen wie etwa dem Verbot, als Bewohner eines Risikogebiets in einem anderen Bundesland ein Hotelzimmer zu mieten, während es erlaubt war, dort Freunde zu besuchen und mit ihnen im Restaurant des Hotels zu essen. Oder später die Zwei+Eins-Regel, die mir erlaubt, meine Eltern zu besuchen, aber nur ohne meine Frau, obwohl ich mit ihr alles teile, auch die Viren. Die Liste lässt sich beliebig fortführen.

Vieles schien überzogen, willkürlich und, im Ländervergleich, inkonsequent. Die Corona-Maßnahmen waren so kompliziert, dass sie gewiss auf keinen Bierdeckel gepasst hätten. Eine Unvermeidlichkeit der föderalen Demokratie, in der man sogar für Stadtteile unterschiedliche Regeln diskutiert, während China kurzerhand eine Elfmillionen-Stadt dicht macht? Auf jeden Fall ereilte die Politik das Schicksal der Wissenschaft: Sie hatte keine Wahrheiten parat, sie führte ihre Debatten in der Öffentlichkeit und sie wurde von dieser dafür abgestraft. Als wäre das Gegenteil der föderalen Zerstrittenheit besser: eine Weisung an alle von ganz oben. Wenn Krisenzeiten Zeiten der Exekutive sind, wie es jetzt immer hieß, konnte man eigentlich froh sein, dass die Multiplikation der Exekutive dem gesellschaftlichen Diskurs einen Restbestand an Öffentlichkeit garantierte – neben der Straße als seinem außerparlamentarischen Raum.

Die Uneinigkeit der verschiedenen Landesministerinnen ändert freilich nichts an der Entmachtung der Legislative, die wirklich bestand und zu Recht beklagt wurde. Der Diskussionsprozess darüber, was zu tun ist, wurde aus dem Parlament ins Bundeskabinett verlegt oder eben in die Ministerpräsidentenkonferenz. Dabei hätte es eigentlich die Stunde der runden Tische sein müssen, um die Frage *Was tun* auch vor Ort im Angesicht der konkreten Umstände zu verhandeln. Runde Tische zum Beispiel mit Schulleitern, Lehrern, Schülern, Eltern und der Landesschulbehörde. Dann hätte man die Schulen vielleicht auch rechtzeitig auf die zweite Welle vorbereiten können: mit der Installation von Lüftern, der Anmietung von Zusatzräumen, der Einstellung von Lehramtsstudenten, der Nutzung des Samstags für den Unterricht. So aber beließ man es rat- und tatenlos beim PML-Modell: Pullover, Maske, Lüften. Angesichts der Tatsache, dass es sich um die größte Herausforderung seit dem Zweiten Weltkrieg handelte, wie die Bundeskanzlerin am 18. März erklärt hatte, wurde erstaunlich wenig an klaren Konzepten gearbeitet. Es gab sich nach der Pandemie in der Tat mehr zu verzeihen als nur, dass man es nicht besser hatte wissen können.

Zugleich erstaunt, wie wenig Macht die Exekutive offenbar besaß, um das zu tun, worauf es ankam. Zum Beispiel die Erweiterung von Testkompetenzen. In Paris konnte man sich nach dem Sommer auf dem Weg zur Arbeit in der Apotheke einen Corona-Schnelltest machen lassen. In Deutschland stand dem, wer hätte es gedacht, ein Gesetz im Wege: die Verordnung zur Regelung der Abgabe von Medizinprodukten. Damit Apotheker Labordienste übernehmen können, müsste diese Regelung geändert werden, was offenbar selbst in Pandemiezeiten nicht so einfach geht. Da wünscht man sich zweifellos mehr französischen Dirigismus, der dann auch gleich dafür sorgen könnte, dass die Labore in Notstandszeiten auch mal Nachtschichten einlegen und auch mal am Wochenende arbeiten – sei es durch die Einstellung zusätzlichen Personals oder die Aussetzung des Arbeitsrechts.[46]

Die Entmachtung des Parlaments, der Mangel an Konzepten und die Widersprüchlichkeit der Erlasse waren drei Aspekte, die den Protesten in die Hände spielten. Ein vierter war das Präventionsparadox: Man sehe doch, dass alles gar nicht so schlimm ist, wie immer behauptet wird, und der Großteil der vorher für Corona-Patienten so emsig bereitgestellten Intensivbetten bleibe ja ungenutzt! „There is no glory in prevention", sagte der Chefvirologe der Berliner Charité, Christian Drosten, schon Mitte März. Alle führten nun das Wort Verhältnismäßigkeit und Kollateralschaden im Mund und trauten sich zu, darüber ein Urteil abzugeben. Diese Meinungsfreudigkeit blieb, drei Jahrzehnte nach der Erfindung des World Wide Web, natürlich nicht auf die Zeit am Stammtisch beschränkt. So wie die Stammtischempörung nicht länger auf anekdotische Evidenz limitiert blieb. Das Hörensagen trat vielmehr wissenschaftlich auf.

Denn es war auch die Zeit der Demokratisierung von Wissenschaft, um es optimistisch zu sagen. Man konnte sich selbst informieren, man konnte seinen Unmut als gut begründeten Einwand formulieren: mit alternativen Daten und alternativen Interpretationen, mit methodischer Kritik an statistischen Auswertungen und mit Gegengutachten voller Fußnoten. Man argumentierte mit Paralleldaten über die zigtausend Grippe- und Lungenentzündungstoten pro Jahr (beliebt war auch der Verweis auf die zigtausend Verkehrsopfer pro Jahr), um die Relationen deutlich zu machen und Relativierungen zu rechtfertigen. Man verwies auf Datenverzerrung: Menschen, die *mit* statt *an* Covid-19 gestorben sind, die erhöhte Anzahl an positiv Getesteten als Ausdruck nicht einer erhöhten Durchseuchung der Gesellschaft, sondern der erhöhten Testanzahl. Diese Hinweise auf Fehler bei der Auswertung statistischer Daten waren mehr oder weniger ernst zu nehmen. Weniger, wenn bei der Anzahl positiv Getesteter wiederum unterschlagen wurde, dass auch die Proportionalitätsrate (Positivergebnisse pro 1000 Tests) gestiegen war. Mehr, wenn es um die Falsch-Positiv-Rate ging, die nicht-infektiöse Probanden fälschlicherweise (wegen einer zu hohen Sensitivität des Tests) als positiv ausweist, was bei einer Fehlerrate von über einem Prozent und bei einer Testanzahl von über einer Million zu erheblichen Verzerrungen führen kann.

Ernst zu nehmen waren auch die verschiedenen Gutachten zum Sinn der Maskenpflicht. Die Experten hatten dem Zweifel daran fatalerweise selbst Vorschub geleistet, als sie am Anfang der Pandemie den Sinn der Maske in Frage stellten, da sie die Menschen in falscher Sicherheit wiege. Eine Zweckbehauptung, um die unterlassene Beschaffung eines entsprechenden Maskenvorrats zu kaschieren. Dann kursierten Gutachten, die eben diese Aussage aus medizinischer Perspektive stärkten: Das ständige Auf- und Absetzen der Maske erhöhe die Gefahr des Erregerkontakts, weil man sich öfter ins Gesicht fasse. Zugleich wurde die Umstellung von 15 Minuten (die es an Kontakt brauche für eine Infektion) auf 1,5 Meter (die als Mindestabstand einzuhalten seien, um eine Infektion zu verhindern) moniert. Denn mit der Zeit-Regel bräuchte man in der Öffentlichkeit fast nie eine Maske, da man selten so lange im Bus nebeneinander sitzen oder im Supermarkt an der Kasse stehen würde. Die Umstellung auf den Raum aber zwinge fast alle unter das Joch der Maske.

Ein solcher Artikel – der hier gemeinte erschien in einer Fachzeitschrift der Krankenhaushygiene – hätte sich vor zwanzig Jahren in der Fachwelt versendet. Wie anders im digitalen Zeitalter! Da wird er im Netz verlinkt, in Talkshows zitiert, auf YouTube geschaut: zwei Wochen nach Veröffentlichung schon 75 000 Mal.[47] Das Internet erhöht Vielfalt und Reichweite der öffentlichen Meinung. Was früher an der Diskurspolizei (oder: Gatekeeper, Zensur) gescheitert wäre, findet nun mit der entsprechenden Medienkompetenz ungehindert sein Publikum; ein Publikum, das vielleicht nicht in der Lage war, die Stichhaltigkeit der vorgebrachten Argumente einzuschätzen, aber doch das Ergebnis mit Zustimmung aufnahm.

Ob Pandemie oder Klimakrise, die wenigsten sagen „Unterm Strich zähl ich". Lieber stellt man die Wirksamkeit des verlangten Opfers in Frage, ganz gleich was man davon versteht. Das muss keineswegs mit böser Absicht geschehen. Eine Binsenweisheit der Erkenntnistheorie besagt, dass man immer zu den wissenschaftlichen Ergebnissen kommt, denen man bewusst oder unbewusst zuneigt. Der Philosoph Jürgen Habermas beschrieb diesen Zusammenhang 1968 in einem berühmten Buch mit dem Titel *Erkenntnis und Interesse*. Habermas' These: Erkenntnis entkommt nicht den konkreten Lebenszusammenhängen, aus denen heraus sie erfolgt. Anders gesagt: Wissen ist immer sozial bestimmt. Karl Marx goss diesen Zusammenhang in den berühmten Satz: „Das Sein bestimmt das Bewusstsein". Konkret: Die Restaurantbesitzerin oder Kinobetreiberin interpretiert die Indizien, mit denen der Lockdown begründet wird, anders als die Leiterin einer Intensivstation oder ein Akademiker, der im Home-Office ein Buch über Corona schreibt.

Aber was hilft der Hinweis, dass die Interessen des Subjekts bei der Datenanalyse eine konstituierende Rolle spielen, wenn das für die Leiterin der Intensivstation ebenso gilt wie für die Besitzerin des Restaurants? Führt das nicht zu einer Patt-Situation! So ist man wieder beim internen Streit der Wissenschaft, und könnte von ihr lernen. Denn die Wissenschaft behandelt jede durch Interesse infizierte Erkenntnis mit Selbstreflexion und Methodenkritik: Man muss seine Interessen erkennen, um das Erkennen von ihnen zu befreien. Hilft das in einer Krisensituation wie dieser, wo die Daten sich ständig ändern, Analysen immer erst noch unterwegs sind, gleichwohl aber schnell und begründet gehandelt werden muss?

Der richtige Umgang mit dem Risiko einer Pandemie ist nicht nur eine medizinische oder ökonomische Frage, sondern auch eine ethische. Die überfüllten Krankenhäuser in der Lombardei erlaubten nicht mehr, um jedes Menschenleben zu kämpfen. Sie praktizierten mit dem Verfahren der Triage eine Ethik der Höchstzahl an Geretteten, die verbietet, dass weniger aussichtsreiche Fälle die medizinischen Ressourcen absorbieren. Das Virus schwächt auch das Immunsystem der Deutschen Verfassung, deren erster Artikel besagt, dass die Würde des Menschen unantastbar ist, niemand also zur Rettung anderer aufgegeben werden darf. So besteht schon in verfassungsrechtlicher Hinsicht die zentrale Verpflichtung der Pandemiebekämpfung darin, das Eintreten eines solchen ethischen Dilemmas zu vermeiden. Von Vorteil waren dabei zweifellos die tragischen Bilder aus der Lombardei. Im Angesicht der fatalen Hilflosigkeit galt erst einmal unbestritten die Faustregel der Risikoethik: Absicherung gegen das Schlimmstmögliche.

Die risikoethische Prämisse besagt: Wenn die erwartbaren Kosten der ergriffenen Maßnahmen hinreichend gering sind gegenüber dem möglichen Schaden im Falle des Falles, dann sollten sie ergriffen werden. Die Verstöße der Politik gegen diese Regel am Anfang der Corona-

Krise waren immens. Man hätte viel früher Einreisende aus Corona-Hotspots in Quarantäne schicken und einer Fiebermessung unterziehen müssen. Dies zu unterlassen, weil ja nicht alle Infizierten Fieber haben, war so plausibel, wie auf die Prüfung des Reifendrucks zu verzichten, weil ja nicht alle Unfälle durch Reifenprobleme verursacht werden.[48]

Nicht viel besser war das Zögern im Herbst, den *harten* Lockdown auszurufen, denn viele Experten ahnten ja schon damals, dass der sanfte Lockdown die exponentiell steigenden Infektionszahlen nicht würde stoppen können. Aus risikoethischer Perspektive spielte die Regierung leichtsinnig die Gefahr der zweiten Welle herunter und hielt zu lange am „liberalistischen Überschuss" fest, der „Freiheitseinschränkungen auch in lebensbedrohlichen Situationen viel zu zögerlich in Kauf nimmt".[49] In der Abwägung zwischen den Rechten des Individuums und denen der Gemeinschaft setzten die westlichen Gesellschaften andere Prioritäten als die asiatischen, wie die Handhabung von Datenschutz und Versammlungsrecht zeigte. Auch das ist ein Aspekt der Pandemie, der uns nach ihr noch beschäftigen wird – einschließlich der Tatsache, dass angesichts der steigenden Infektionszahlen zum Jahresende auch in Deutschland der Ruf nach einer *verpflichtenden* Corona-*Tracking*-App laut wurde, trotz der, wie es wahlweise hieß, „durchaus verständlichen" beziehungsweise „völlig übertriebenen" Datenschutzbedenken.

In Deutschland blieb der Appell zentral, mit dem die Bundeskanzlerin in ihrer Ansprache im März den Ton vorgegeben hatte. Anfang November wird er von Christian Drosten variiert, der, als erster Virologe und angemessen dem Charakter des Jahres, diesmal die Schillerrede hielt. Wie zu erwarten war, hält sich Drosten mit Kritik am Krisenmanagement der Regierung zurück. Vielmehr spricht er von der individuellen Verantwortung für die Gemeinschaft und stellt, mit Verweis auf Schillers Zeitgenossen Immanuel Kant, einen „pandemischen Imperativ" auf: „Handele in einer Pandemie stets so, als seist du selbst positiv getestet und dein Gegenüber gehörte einer Risikogruppe an".

Dass die Anti-Corona-Protestler sich von einem solchen Imperativ beeindrucken lassen, ist zweifelhaft. Anders könnte es sein, verknüpfte man Kant mit der Gerechtigkeitstheorie des US-amerikanischen Philosophen John Rawls, wonach der Mensch über die politisch-ökonomische Verfassung einer Gesellschaft entscheiden soll, ohne selbst zu wissen, welchen Platz er in dieser einnimmt: Weder kennt er seine soziale Herkunft und ethnische Zugehörigkeit noch sein Geschlecht oder seine körperliche und geistige Verfassung. Im Sinne des optimalen Risikomanagements wird er, so Rawls Kalkül, vom schlimmsten Fall ausgehen und für eine Gesellschaftsordnung plädieren, die auch den Benachteiligten ein lebenswertes Dasein ermöglicht. Die Verbindung von Rawls und Kant zu einer Art Imperativ der Pandemie-Gerechtigkeit hieße dann: Handle in einer Pandemie so, dass dein Handeln zur Maxime der gesellschaftlichen Corona-Maßnahmen werden könnte, ohne dass du weißt, wer du selbst in dieser Gesellschaft bist – jung oder alt, Freiberufler oder festangestellt, Single oder Elternteil mit Kind. Für solche Gedankenexperimente bei laufendem Betrieb war es im November freilich längst zu spät.

Zum pandemischen Imperativ gehört das Maskentragen, das aus risikoethischer Perspektive nicht zur Disposition steht. Denn was auch immer sich dagegen vorbringen lässt, eine ganze Gesellschaft wegen eines „relativ ungefährlichen" Virus herunterzufahren, die Maskenpflicht ist es jedenfalls nicht, aus der sich eine Rezession ergibt. Sie stellt aus wirtschaftlicher Perspektive keine Gefahr dar und ist gerade deswegen aus risikoethischer unbedingt beizubehalten: Die dadurch versursachten Kosten (die Beeinträchtigungen im Alltag) sind minimal gegenüber dem möglichen Schaden im Fall des Falles. Sie können sogar als positiv verbucht werden, versteht man die Maske als Symbol der Solidarität, die das Gemeinwesen in dieser Krisenzeit zusammenschweißt wie früher in Kriegszeiten die Vaterlandsfahne – wobei die Maske psychisch *und* physisch Schild gegen den Feind ist.

Symbol der Solidarität ist die Maske, weil sie weniger dem Eigen- als dem Fremdschutz dient. Epidemiologisch betrachtet ist es zwar egal, in welche Richtung die Maske den Austausch der Viren unterbricht, aus ethischer Perspektive jedoch kommt es genau auf diesen Unterschied an. Denn wenn die Maske Fremdschutz bietet, bedeutet das Nein zu ihr nicht Leichtsinn (auf den man ja moralisch-neutral bestehen könnte), sondern Egoismus. Man ist dann gleichgültig nicht dem eigenen Schicksal gegenüber (wie Fahrradfahrer ohne Helm), sondern gegenüber dem Schicksal der anderen. Die Maske fordert eine Einschränkung individueller Freiheit im Interesse der Gesellschaft und weist damit über die Pandemie hinaus schon auf das Problem, das es danach zu lösen gilt: die Klimakrise. Kaum anzunehmen, dass die Maskengegner von heute Verbündete im Kampf von morgen sein werden.

Die Maske ist allerdings nicht nur Symbol der Solidarität oder eben ihres Mangels im Falle der Verweigerung. Die Ablehnung der Maske ist auch ein Beleg dafür, dass es vielen Anti-Corona-Demonstrantinnen nicht wirklich um die Rettung der Wirtschaft, des Mittelstandes oder der Demokratie geht, sondern um eine Rationalisierung ihrer zunehmenden Erschöpfung und Ungeduld ob der Corona-Maßnahmen. Manche Demonstranten sagen es unverblümt in die Kamera: Ich habe genug von all dem. Ich will einfach meine Freiheit zurück. Das Hauptproblem der Proteste ist jedoch nicht, dass sich der individuelle Überdruss als gesellschaftliche Sorge ausgibt. Das Hauptproblem ist die Infragestellung der Demokratie in dem Moment, da man an sie appelliert: durch die Demaskierung im buchstäblichen Sinne.

Viele Demonstranten trugen keine Maske, obgleich die Dichte der Körper dies gemäß den geltenden Vorsichtsmaßnahmen verlangt hätte. Das sollte nicht erstaunen, da ja gerade diese Vorsichtsmaßnahmen in Frage gestellt wurden. Oder? Was auf den ersten Blick plausibel wirkt, ist es auf den zweiten keineswegs. Im Gegenteil, eine Demonstration gegen Maskenpflicht kann nur dann wirklich ernstgenommen werden, wenn die Demonstrantinnen sich an die Maskenpflicht halten. Denn eine Demonstration ist Einspruch auf der Ebene der *öffentlichen* Vernunft; die Maskenpflicht zu missachten ist hingegen ein *privater* Einspruch, der den Anspruch des öffentlichen kompromittiert. Dieser Unterschied führt noch einmal zu Kant, der in einer solchen Unterscheidung das Einmaleins der Konfliktgestaltung zwischen Gesellschaft und Individuum sieht. In seiner Schrift *Beantwortung der Frage: Was ist Aufklärung?* notiert Kant 1784: „Ich verstehe aber unter dem öffentlichen Gebrauch seiner eigenen Vernunft denjenigen, den jemand als Gelehrter von ihr vor dem ganzen Publikum der Leserwelt macht. Den Privatgebrauch nenne ich denjenigen, den er in einem gewissen ihm anvertrauten bürgerlichen Posten oder Amte von seiner Vernunft machen darf."

Kant reduziert den öffentlichen Gebrauch der Vernunft (das Zur-Diskussion-Stellen) auf Leserbriefe und Streitschriften, der dann ironischerweise meist im Privatraum stattfindet, während der private Gebrauch (das konkrete Handeln) im öffentlichen Raum erfolgt. Heute erfolgt der öffentliche Gebrauch auch per Tweets und Email (wobei die Spam-Email wegen ihres performativen Charakters wohl schon zum Privatgebrauch gehört) sowie auf der Straße. Der entscheidende Punkt, um den es Kant geht, aber bleibt: Der öffentliche Gebrauch der Vernunft dürfe nicht eingeschränkt werden, der private müsse es oft, soll die Gesellschaft nicht, wenn alle nach Gutdünken nur das tun, was sie für richtig halten, ins Chaos stürzen. So müsse der Soldat den Befehl, dessen Sinn er nicht einsieht, zunächst befolgen, bevor er sich, als Autor oder Redner (oder eben Demonstrant), in der Öffentlichkeit gegen ihn wenden kann. Hat er damit Erfolg, wird es künftig solche Befehle nicht mehr geben.

Der Widerspruch gegen die Regierung, die Änderung der Politik, das ist der Sinn dieser Unterscheidung, kann nur auf der Diskursebene erfolgen. Deswegen sind Meinungsfreiheit und Demonstrationsrecht ein so hohes Gut in einer Demokratie, so hoch, dass sie selbst während des Ausnahmezustandes der Pandemie – wenn die Exekutive die Legislative aushebelt – den Schutz der Judikative genießen. Die Demonstration gegen die Maskenpflicht ist der öffentliche Gebrauch der Vernunft, der nicht unterdrückt werden darf. Setzt man die Maskenpflicht dabei gleich selbst außer Kraft, verstößt man gegen das Prinzip der Verhandlung auf der Diskursebene genau in dem Moment, da man es beansprucht. Das Prinzip des sanften Zwangs des besseren Arguments ist dann schon dem des individuellen Widerstands gewichen.

Dieser individuelle Widerstand ist allerdings gerechtfertigter als Kant 1784 zugestehen will. Die Schrift dazu erscheint 65 Jahre später, geschrieben vom amerikanischen Philosophen David Thoreau, mit dem Titel *Civil Disobedience*: Wenn ein Gesetz so beschaffen ist, dass es den Bürger zum Mittel des Unrechts an einem anderen macht, darf, soll, muss er es brechen. In Gewissenskonflikten hat der Bürger geradezu eine „Pflicht zum Ungehorsam gegen den Staat", so der spätere Titel dieser Schrift. Anlass für Thoreaus Einspruch war der Krieg zwischen den USA und Mexiko, den er nicht durch seine Steuern ermöglichen wollte. Der Krieg ist ein starkes Argument auch gegen Kants Befehlsbefolgungsgebot, wenn man an die oft damit verbundenen Verbrechen gegen die Menschlichkeit denkt. Soll man die als Soldat wirklich erst ausführen, bevor man als Bürger auf der Diskursebene Einspruch erhebt?

Hätte Kant eine Standesbeamtin gewählt statt eines Soldaten, wäre seine Überlegung zugänglicher – eine Beamtin, die sich weigert zwei Männer zu trauen, obwohl in ihrem Bundesstaat die homosexuelle Ehe legalisiert wurde. Noch sinnfälliger wäre ein Arzt, der in Corona-Zeiten seine Patienten ohne Maske empfängt, weil er ohnehin nicht daran glaubt, dass das Virus gefährlich sei oder durch die Maske bekämpft werden könne. Die Position der Ärztekammer dazu ist klar: Der Arzt mag seine eigene Meinung zur Gefahrenlage haben, muss aber dem Stand der Wissenschaft und den daraus folgenden Vorsichtsmaßnahmen entsprechend handeln, also Maske tragen und bei seinen Patientinnen die Maskenpflicht durchsetzen. Selbst wenn das anthroposophische Gewissen des

Arztes sich vom Stand der naturwissenschaftlichen Medizin nicht angesprochen fühlen sollte, muss das eingeklagte alternative Verhalten warten, bis es auf der Diskursebene die nötige Mehrheit organisiert hat.

Zurück zur Maskenpflicht auf einer Demo gegen Maskenpflicht: Verfängt da das Argument des zivilen Ungehorsams aus Gewissensgründen? Ja. Ja, wenn man in der Maskenpflicht ein Unrecht oder gar Verbrechen gegen die Menschlichkeit sieht. Kann man es so sehen? Ja, wenn man die Maske als Vorboten der Impfpflicht versteht, die alle Menschen genetisch manipulieren und der Macht der Bill & Melinda Gates Foundation ausliefern wird.

Der Stunde der Wissenschaft folgte nicht nur die Zeit der Proteste. Bald kamen die Verschwörungstheorien hinzu. Das sind zwar zwei sehr verschiedene Schuhe, die auf der Straße aber ganz gut zusammen passen. Denn am Ende sind es nur zwei Varianten des gleichen Widerspruchs gegen das, was die Politik dem Land verordnet. Der Unterschied liegt weniger im Feindbild als im Fazit. Die einen sehen im Regierungshandeln schlechte Beratung, inkonsistente Beschlüsse und Überreaktion, die anderen böse Absichten: Die Errichtung eines totalitären Staates im Windschatten einer herbeigeredeten, wenn nicht gar vorgetäuschten Pandemie.[50]

Das ist keineswegs so abwegig, wie es für viele klingen mag. Immerhin ist die Seuche die Mutter der biopolitischen Disziplinargesellschaft, wie sich in Michel Foucaults Klassiker zur Machttheorie *Überwachen und Strafen* aus dem Jahr 1975 nachlesen lässt. Diese Vorgeschichte mag erklären, warum selbst ein Philosoph wie Giorgio Agamben in der Erklärung des Ausnahmezustandes nichts anderes sieht als eine Manifestation des tyrannischen Instinkts liberaler Regierungen. Das passt zum verschwörungstheoretischen Dogma, dass Politiker nie gut sind, sondern bloß so tun (oder eben nur noch nicht wissen, wie viel Böses in ihnen steckt) und jede Möglichkeit nutzen (erst den Terrorismus, nun die Pandemie), um den Ausnahmezustand zu rechtfertigen.[51]

Gewiss, es wäre falsch, die Teilnehmer jener Demonstrationen gegen die Corona-Maßnahmen pauschal als Corona-Leugner oder Rechtsextremisten zu bezeichnen – obgleich man sich bei manchen Rednern auf diesen Veranstaltungen schon fragt, wo die Buh-Rufe der anderen bleiben, und vermuten muss, die Protestler haben allen Mut zum Widerspruch am Eingang der Demo abgegeben. Angesichts des offensichtlichen Kontrollverlusts auf Seiten der Regierung den Kontrollstaat an die Wand zu malen, stand dem Alarmismus allerdings in keiner Weise nach, den nun viele der Regierung und ihrer Reaktion auf Covid-19 nachsagten. Trotzdem verbietet sich, in Fortführung des unglücklichen Begriffs „Covidioten" der Frage nachzugeben, ob das Virus das Gehirn der Verschwörungstheoretiker schon völlig zersetzt habe. Verschwörungstheoretiker wird man nicht, weil man keinen Verstand hat, sondern weil man zu viel davon hat und zugleich nicht genug.[52]

Verschwörungstheoretiker haben zu *viel* Verstand, um ihre Zeit passiv am Fernseher zu verbringen. Sie sind keine stumpfen Couch-Potatoes, sie sind Zorn und Zweifel. Verschwörungstheoretiker hinterfragen alles und sind bereit, sich alles selbst zusammenzureimen und zusammenzugoogeln. Sie operieren dabei sogar mit dem ideologiekritischen Ansatz, dass Erkenntnis und gesellschaftliches Handeln immer von Interesse geleitet sind. So erklären sie den Hang der meisten Virologen, die Sachlage, wie sie diesen nachsagen, zu dramatisierten, mit dem Umstand, dass ihre Forschung von der Pharmaindustrie finanziert wird. Oder sie unterstellen ihnen aufmerksamkeitsökonomisch, die Pandemie erfunden zu haben, um auch einmal ins Fernsehen zu kommen.

So bizarr diese Logik ist, Verschwörungstheoretiker verstehen sich als Aufklärer, die den Mut haben, sich ihres eigenen Verstandes zu bedienen. Wie die Aufklärung einst gegen den Aberglauben der Kirche kämpfte, so stellen sie nun die herrschende Meinung als Meinung der Herrschenden in Frage und verweigern, als „mündige Bürger", jede Obrigkeitshörigkeit. Man hat den Ausgangsort der Querdenker im Baden-Württembergischen mit der Tradition des Pietismus erklärt, dessen Haltung des Hinterfragens und Selberdenkens nun dazu führe, dass der deutsche Süden (einschließlich Sachsens) viel mehr Skepsis und Unmut gegenüber der Regierung aufbringe als der Norden.[53] Ob sich daraus wirklich ein Süd-Nord-Konflikt ableiten lässt, bleibt fraglich. Solch eine These braucht mehr Argumente und vor allem mehr Daten. Unzweifelhaft jedoch ist, dass Adorno oder andere Vertreter der Kritischen Theorie, die immer ein wachsames, skeptisches Bewusstsein gefordert hatten, heute trotzdem nicht auf der Seite der Verschwörungstheoretiker wären. Warum?

Weil Verschwörungstheoretiker andererseits zu *wenig* Verstand haben. Sie fallen auf logische Fehlschlüsse hinein und folgern aus den korrekten Aussagen A (die Pharmaindustrie ist auf Profit aus) und B (die pharmazeutische Bekämpfung einer Pandemie generiert Profit) voreilig C: Die Pharmaindustrie hat die Pandemie bewirkt. Zwar ist die Annahme korrekt, dass die Profiteure einer Krise sich weniger über diese ärgern werden als die

Opfer. Aber das rechtfertigt nicht den Umkehrschluss, dass sie dann auch die Verursacher der Krise sein müssen. Man sollte es eigentlich vom Sonntagskrimi wissen: Nicht jeder, der ein Motiv hat, ist deswegen auch der Mörder. Sonst kämen ja auch Amazon-Chef Jeff Bezos oder Zoom-Gründer Eric Yuan unter Verdacht – oder gar die Corona-Leugner, die nur vor dem Hintergrund der Pandemie ihre Bücher über deren Nichtexistenz so profitabel verkaufen können. Zu abwegig? Nicht, wenn man verschwörungstheoretisch um hundert Ecken denkt.

Die Attraktivität der *Plandemie*-Theorie beruht auf einem richtigen Gedanken, der sich dann aber durch keinen zweiten irritieren lässt. Dieser Geiz im Denken verhindert, dass Verschwörungstheoretiker ihr Misstrauen auch rückbezüglich einsetzen, und das hat oft damit zu tun, dass sie keine wirklichen Leser sind. Sie wollen tiefer sehen, ohne in die Breite zu schauen, und ergreifen, was sich anbietet und Resonanz schafft. Statt kritisch lesen sie enthusiastisch und monogam. Man denke an den Ingenieur mit Interessen auch jenseits technischer Dinge in der Verwandtschaft, der auf jeder Familienfeier Erich von Däniken preist, oder die Exfreundin, die sich nie für Bücher interessierte, bis sie *ihr* Buch gefunden hatte (sie sagte: Es hat mich gefunden) und sich im Light Institute bei Santa Fe in New Mexico zur Esoterikerin ausbilden ließ. Wirklich kritische Leser haben nicht das eine Buch oder die eine Lehre, der sie sich verschreiben. Sie sind polygam, Singles mit wechselnden Partnern, die miteinander in einem komplexen Spannungsgefüge stehen. Sie wenden das Misstrauen, auf das die Verschwörungstheoretiker so große Stücke halten, immer auch auf die Theorie an, die ihnen gerade am nächsten steht; ganz so wie die Wissenschaft.

Dieser rückbezügliche Zweifel ist bei den Verschwörungstheoretikern nicht vorgesehen. Eher wird ihnen das Misstrauen gegen alles und jeden methodisch zum Blankoscheck, selbst an der absurdesten These festzuhalten. Hat nicht der Cambridge Analytica-Skandal gezeigt, wie sehr die Mächte im Hintergrund die Meinung der Bürger manipulieren? Ist etwa nicht bekannt, dass Staats-Trojaner unsere Handys belauschen? Profitiert der Geheimdienst etwa nicht von der Lockerung des Datenschutzes zur Pandemiebekämpfung? Man solle die Hinterhältigkeit des Gegners nie unterschätzen! Nichts geschehe ohne Plan und nichts geschehe, ohne dass jemand einen Vorteil davon hat (der dann auch der Strippenzieher sein muss). Wenn die Theorie zu absurd erscheint, dann nur, weil man noch nicht alle Details kennt oder eben zu wenig Phantasie für das Böse hat. Wer das nicht einsieht, ist ein „Schlafschaf", das erst noch aus seinem Verblendungszusammenhang gerettet werden muss.

Mit dieser Logik immunisiert man sich gegen jeden Widerspruch und gegen das für jede Theoriebildung entscheidende Falsifizierbarkeitsprinzip. Es ist der Wechsel von der kritischen Rationalität zur irrationalen. Das Ergebnis hat dann mehr mit Religion zu tun als mit Wissenschaft, und die analytische Schwäche in der Theoriebildung führt zu einer ganzen Reihe an haltlosen Analogien: Da wird die Maske kurzerhand zum Maulkorb und ihre Verweigerung zum Gesichtzeigen, eine Demonstration gegen die Corona-Maßnahmen in der „Heldenstadt" Leipzig wird zur Fortsetzung der Friedlichen Revolution von 1989, eine Querdenkerin fühlt sich wie Sophie Scholl im Widerstand und ein Gesetz, das die Macht der Exekutive zur Bekämpfung der Pandemie regeln soll, wird mit dem Ermächtigungsgesetz von 1933 verglichen. Wie gesagt: Die Gesellschaft ist nicht die Universität.

Das heißt nicht, dass Menschen mit Universitätsabschluss sicher sind. Auch sie leisten sich Theorien mit verschwörungstheoretischem Potenzial[54] und glauben in vielerlei Hinsicht, was ihnen gesagt wird. Wer hätte die Zeit oder Kompetenz, allem selbst auf den Grund zu gehen. Aber es kommt darauf an, wem man seinen Glauben schenkt; beim Klimawandel und bei der Pandemie. Es hilft, sich an Experten zu halten, und zwar an die Mehrheit unter ihnen. Und wenn es um eine Pandemie geht, ist der vegane Koch eben weniger Experte als der Virologe, und der Virologe im Ruhestand weniger als der, der mit dem neuesten Stand der Forschung vertraut ist. Und wenn dem Positionspapier (gegen einen Lockdown) von zwei Tropenmedizinern das Positionspapier (für einen Lockdown) der Präsident/innen der Deutschen Forschungsgesellschaft, der Helmholtz- und der Leibniz-Gemeinschaft, der Fraunhofer- und der Max-Planck-Gesellschaft sowie der Nationalen Akademie der Wissenschaften Leopoldina entgegensteht, ist man mit Letzterem wohl eher auf der sicheren Seite.[55]

Das ist die helle Seite der Gatekeeper (oder Diskurspolizisten): Sie zensieren nicht einfach unliebsame Meinungen weg (obwohl auch das geschieht), sondern sorgen dafür (obwohl manchmal nicht konsequent genug), dass nur qualifizierte Anwärter Zugang zur Öffentlichkeit haben. Als Türsteher zum Podium fragen sie nach Qualifikationsnachweisen: Haben Sie zu diesem Thema gearbeitet? Haben Sie die Prüfungen bestanden? Haben Sie ein Zertifikat? Das bedeutet nicht unbedingt das Aus für Quereinsteiger und Autodidakten. Sind diese gut genug, kommen sie heute ebenso am Bouncer vorbei wie einst Jean-Jacques Rousseau, der nie Philosophie studierte oder eine Universität besuchte. Diese Zugangskontrolle ist die gute Seite am alten System, das trotzdem nicht perfekt war. Dass das neue besser sei, lässt sich angesichts seiner infodemischen Nebenfolgen kaum ernsthaft behaupten.

Man hat es oft gehört, seit über Verschwörungstheorien berichtet wird: Sie kompensieren den Kontrollverlust, den das spätmoderne Subjekt angesichts von Globalisierung, Migration, Digitalisierung und erst recht im Kontext einer Pandemie empfindet. Wenn nichts mehr im Leben nach Plan geht, kann man (und man meint hier vor allem Mann) sich wenigstens auf diese Weise „obenauf" fühlen; erst recht gegenüber den tumben Schlafschafen. Menschen, die mit der Erfahrung zunehmender Technik- und Naturbeherrschung aufwuchsen, haben wenig Toleranz fürs Ungewisse. Sind Verschwörungstheorien also eher ein psychologisches als ein politisches Phänomen?

Auch das Psychische ist politisch. Davon spricht der annoncierte Süd-Nord-Konflikt als Folge des pietistischen Selbstbezugs, der sich freilich mit einer aktuelleren Erklärung konterkarieren lässt: die Ost-West-Differenz in der Akzeptanz der Regierungsmaßnahmen. Die höhere Akzeptanzbereitschaft bei den Ostdeutschen wäre allerdings weniger mit ihrer Erziehung zum Gehorsam zu erklären als mit der „Transformationskompetenz", die sie im bitteren Umbruchsjahr 1989/1990 erworben haben, während Westdeutsche erst mit dem Corona-Lockdown die Erfahrung machen, die Entwicklung der Dinge in ihrem Leben nicht kontrollieren zu können. Die Ost-West-These ersetzt die religiöse Erklärung des Süd-Nord-Konflikts durch eine politische Erfahrung, bleibt ohne robuste empirische Daten aber so spekulativ wie dieser.[56] Möglich auch, dass keine von beiden Thesen stimmt und die unterschiedliche Empfänglichkeit für Verschwörungstheorien eher mit Bildung und Alter zu begründen ist. Was das heißt, lässt sich erklären mit einem genaueren Blick auf Adornos *Theorie der Halbbildung* aus dem Jahr 1959.

Für Adorno ist Halbbildung, die vor allen in der „Schicht der mittleren Angestellten" anzutreffen sei, zum einen das Unverstandene, nicht in seinem historischen Kontext Betrachtete, zum anderen die „punktuelle, unverbundene, auswechselbare und ephemere Informiertheit", die sich zu keinem Zusammenhang fügt, sondern zum „urteilslosen ‚Das ist'" verkommt.[57] Medienphilosophisch betrachtet entspricht diese punktuelle Das-ist-Informiertheit dem fotografischen Zugang zur Welt, der das Hier und Jetzt relativ urteils- und gedankenlos verbucht – im Unterschied zum narrativen Zugang, der die verschiedenen Elemente und Ereignisse geschickt zu einem sinnvollen Ganzen verwebt. Verschwörungstheoretiker begnügen sich nicht mit Fotos; sie wollen eine Geschichte. Die narzisstische Kränkung des Kontrollverlusts wird durch narrative Ermächtigung therapiert.

Wenn sich dem Subjekt der Spätmoderne schon die Elemente des eigenen Lebens nicht mehr sinnvoll als planvoll Ganzes erzählen lassen, will es zumindest den Elementen der Außenwelt eine narrative Kohärenz abringen. Darin liegt der Reiz der Verschwörungstheorie: Sie entdeckt im scheinbar Unverbundenen die verborgene Verkettung und offeriert dem ‚Entdecker' die Rolle des investigativen Erzählers. Das zentrale Narrativ der Erzählung lautet: Nichts ist Zufall, nichts geschieht ohne

Absicht. Der Fachbegriff lautet „proportionality bias" oder „Proportionalitätsverzerrung": die Annahme, dass große Ereignisse große Ursachen haben müssen – eine Annahme, die auch von jenen geteilt wird, die im Virus die Rache der Natur an ihrer Ausbeutung durch den Menschen sehen. Wenn man schon wehrlos ist, will man nicht auch noch ahnungslos sein; immerhin: Benennungsmacht, das weiß man vom Rumpelstilzchen, ist auch Macht. So kuriert der Mensch die Beliebigkeit, die ihn an seinem Leben irritiert, mit der Überdetermination von allem anderen. Es ist ein sublimierendes Outsourcing dessen, was die narrative Psychologie so unerlässlich für ein befriedigendes Selbstbild hält: das eigene Dasein als einen kohärenten, sinnvollen Prozess zu verstehen.

Diese Sehnsucht nach Sinn und Kohärenz gilt zumindest für die Babyboomer und die Vertreter der Generation X. Die Millennials interessieren sich wenig für Verschwörungstheorien. Sie kompensieren den Mangel an narrativer Einheit offenbar dadurch, das Hier und Jetzt ihres Lebens permanent im sozialen Netzwerk zu teilen – mit der *Das-ist*-Geste des Snapshots, wie in Adornos Theorie der Halbbildung, nun, als Snapchat, jedoch geadelt durch Interaktion.[58]

Die medienphilosophische Gegenüberstellung hat mentalitätspolitische Konsequenzen. Adorno beschreibt Halbbildung als ephemere Informiertheit, die sich zu keiner Theorie fügt und deswegen auch kein kritisches Verhältnis zur Realität einnimmt. Halbbildung ist in der Mitte des 20. Jahrhunderts affirmativ und konformistisch. Im 21. Jahrhundert, da die digitalen Medien alles in eine Patina der Partizipation tauchen, tritt auch die Halbbildung ambitionierter auf. Sie bestätigt nicht den Mainstream, sondern entsteht subkulturell. Sie wendet sich auf fatale Weise um 180 Grad und ist rebellisch statt konformistisch, misstrauisch statt affirmativ, ungehorsam statt autoritär. Sie ist auf dem besten Weg, das Protestpotenzial, das Globalisierung und Neoliberalismus in der Gesellschaft auslösten, zu absorbieren und so den Aufbruch zu kidnappen, den sich viele gerade von dieser Pandemie erhoffen.

Sind die widerspenstigen Verschwörungstheoretiker also das ungewollte Kind der Verachtung, mit der die Kritische Theorie einst auf das unterwürfige Staatsvolk schaute? Ist die Verschwörungstheorie der zeitgenössische Ausdruck des einst so nachdrücklich geforderten Denkens der Negation: „Made in Criticalland", aber deformiert auf dem Weg von der Universität zur breiteren Öffentlichkeit, eine „Entgleisung der Aufklärung", weil „hyper-rational" und somit letztlich unkritisch kritisch?[59] Braucht es eine neue *Dialektik der Aufklärung*, die dann nicht von der Instrumentalisierung der Vernunft handelt, sondern von ihrer Entstellung durch paranoide Theoriebildung?

Die Verschwörungstheorien, die in dieser Gemengelage von medialen Möglichkeiten, psychologischen Bedürfnissen und politischen Interessen entstehen und emsig nacherzählt werden, sind zumeist so absurd wie gefährlich. Man denke an die Kinderblut trinkenden Politiker, denen Trump, als Retter der Menschheit, den Kampf angesagt habe. Es wurden dazu schon Plakate auf die Straße getragen: „SAVE THE CHILDREN!" Oder die Verschwörungstheorien sind so absurd wie naiv: Die Pandemie als Simulation, um die Bürger ihrer liberalen Rechte zu berauben. Die dabei unterstellte Vereinigung der Regierungen dieser Welt ist zu schön, um wahr zu sein, und zwar auch dann noch, wenn man sie mit positivem Vorzeichen versehen und als geheimen UN-Beschluss verstehen würde, das Virus gezielt freizusetzen, um, als Testlauf für die Klimarettung, die Opferbereitschaft der Bevölkerung zu prüfen und präventiv infodemiologische Eindämmungskonzepte zu entwickeln. Zur Testlauf-These würde freilich passen, dass das Virus nicht so rasch tödlich ist wie Ebola und nicht so symptomatisch wie SARS, also unauffällig reisen kann. Weil die Gefahr unsichtbar bleibt, reicht es also nicht, die Betroffenen zu isolieren. *Alle* müssen vorbeugend Maske tragen, zuhause bleiben oder andere Einschränkungen auf sich nehmen – ganz so wie bei der Klimarettung.

Aussichtsreicher als Verschwörungstheorie wäre allerdings, am Einzeltäterprinzip festzuhalten und, passend zum Ausbruchsort, eine von China provozierte Pandemie zu behaupten. Das wäre jedenfalls plausibler als die in China kursierende Erzählung, der Westen habe das Virus nach Wuhan gebracht. Was hätte der Westen davon im Vergleich zu China, das mit einer Pandemie den schwächelnden Demokratien des Westens die Effizienz des eigenen autoritären Regierungsstils demonstrieren kann: der keine epidemiologischen Absurditäten zulässt wie eine Corona-App, die freiwillig ist, oder Selbstquarantäne, die nicht kontrolliert wird; ganz zu schweigen von Impfgegnern und Infodemie. In einer solchen Theorie erhält sogar die stupide Seite des Autoritarismus eine unverzichtbare Rolle: Es braucht die Beschönigung der Situation in den Berichten der Distrikt-Fürsten an die Zentralregierung, damit die Pandemie überhaupt erst zum Ausbruch kommen kann.

China könnte unsere Zukunft sein, mutmaßt Slavoj Žižek angesichts des dortigen Erfolgs bei der Eindämmung des Virus gerade auch durch Chinas digitale Kontrollformen. Die Aufgabe Europas sei es nun, „zu zeigen, dass es das, was China getan hat, transparenter und demokratischer tun kann“, wobei Žižek zugleich mutmaßt, dass die demokratischere Verfassung des Westens seinen epidemiologischen Bemühungen im Weg stehen könnte.[60] Hinzu kommt die beschämende Effizienz der Diktatur, wenn es um das Richtige geht. Die zehn Tage, in denen China ein Krankenhaus aus dem Boden stampft, reichen in Deutschland nicht einmal, um das Baubewilligungsverfahren zu beenden. Dieser Umstand scheint auch für den Krieg gegen ein *Virus* die These zu bestätigen, mit der vor einigen Jahren der voreilige, manche sagen auch selbstgefällige Triumphalismus der Demokratie konfrontiert wurde; die These, dass nicht notwendigerweise jene Staaten einen Krieg gewinnen, die demokratisch strukturiert sind, sondern jene, die schneller Menschen und Material mobilisieren können – ein Einwand, der verstärkt auch für den Kampf gegen den Klimawandel gemacht wird.[61] Ist der geheime Zielpunkt dieser Pandemie, das eigentliche Opfer hinter all den Opfern, also die Demokratie?

Die westliche Demokratie ist angeschlagen, wie drei Buchtitel allein aus dem Jahr 2018 nahe legen: *How Democracies Die*, *How Democracy Ends* und *Der Zerfall der Demokratie*.[62] Dieser Befund wurde zum Anlass genommen, die Demokratie als Corona-Patientin mit „Vorerkrankungen“ zu bezeichnen mit der Diagnose, das Coronavirus könnte „die Attraktivität von auf Big Data basierendem Autoritarismus steigern“.[63] Die Infodemie ist zweifellos ein Symptom dieser Vorerkrankung und unterstreicht noch einmal, dass die Krise der Demokratie nicht etwa aus einer postdemokratischen Wende resultiert, sondern gerade aus der Demokratisierung der Demokratie. Ist das heilbar?

Der Kampf gegen die Covid-19-Pandemie wird gewonnen worden sein. Der Kampf gegen die Infodemie – oder ist es ein Krieg? Immerhin bedient die berühmteste Webseite der Verschwörungstheoretiker klar die Kriegsmetapher: *Info Wars* – hat weniger Aussicht auf das vollendete Futur. Denn hier verkehrt sich das Verhältnis von Virus und Digitalem: Nicht mehr beschleunigt das Virus die Digitalisierung, sondern diese die Verbreitung des Virus, das nun kein biologisches ist aus Nukleinsäuren und auch kein technisches aus Code, sondern ein kommunikatives aus allen möglichen Informationspartikeln. Dieses Virus ist besonders heimtückisch, weil es sofort die Mittel seiner Bekämpfung befällt: Jede Information, die gegen das Ökosystem der Fehlinformation eingesetzt wird, ist immer schon mit ihm infiziert und mutiert zu einer „Fake News" von der „Lügenpresse". Und anders als beim epidemiologischen Abwehrkampf gibt es beim infodemiologischen keine praktikablen Schutzmaßnahmen wie Impfstoff oder Maske. Nicht einmal die Option des Lockdowns besteht, will man nicht Chinas Vorbild folgen und das Projekt *Goldener Schild* (bekannter als *Great Firewall of China*) zur rigorosen Informationskontrolle in den digitalen Medien übernehmen. Besiegte man so die Infodemie, wäre die Krise der Demokratie besiegelt. Verzichtet man darauf, ist nicht sicher, dass es besser ausgeht.

„Die Verschwörungstheorie ist der Endgegner im Corona-Spiel. Das letzte Level", prophezeite bereits im Mai ein ZEIT-Artikel.[64] Es ist nicht auszuschließen, dass die Verschwörungstheorie bald das erste Level im Demokratie-Spiel genannt werden wird. Vorerst offen bleibt der Spielausgang. Denn die Proteste, mit denen der Staat sich während dieser Pandemie konfrontiert sieht, könnten auch als dynamisierende Intervention angesichts erstarrter

Verhaltens- und Kommunikationsmuster verstanden werden: als „Realitätstests der modernen Gesellschaft". Sie wären dann kein Angriff auf das Immunsystem des gesellschaftlichen Körpers, sondern vielmehr, als Weckruf, dessen Aktivierung. Diese Hoffnung gilt zumindest so lange wie der Protest „themenspezifisch" verläuft und dialogbereit bleibt, statt, wie sich abzeichnet, das Gesellschaftssystem pauschal und verhandlungsresistent zu verdammen.[65]

Aber neben dieser lauten Minderheit gibt es ja noch die zustimmende Mehrheit, die vielleicht nicht mit allen Maßnahmen zufrieden war, die während der Corona-Krise getroffen wurden, aber daraus eher die Einsicht in die Komplexität demokratischer Prozesse mitnimmt als eine Ablehnungshaltung gegen das demokratische System zu entwickeln. Denn nie zuvor hat die Gesellschaft soviel diskutiert über ihre Werte und deren Prioritäten, über Umstände des Ausnahmezustandes und dessen Folgen für die Bürgerrechte, über das Verhältnis von Exekutive und Legislative, über den Föderalismus, das Recht auf Schutz des Lebens und das Recht auf wirtschaftliche Interessen, bis hin zu den Versammlungsrechten der Querdenker und den „Privilegien" für Geimpfte. Eine beispiellose Politisierung der Gesellschaft. Eine intensive gesellschaftliche Selbstreflexion. Eine gute Vorbereitung womöglich auch für die nun anstehenden Aufgaben wie Infodemie und Klimawandel. War 2020 also vielleicht sogar ein gutes Jahr für die Demokratie?

Epilog

Wäre das Leben, wie es sein sollte, hätte ich den letzten Tag des Jahres im Tangoloft in Berlin-Wedding verbracht. Der hohe Saal im einstigen Fabrikgebäude wäre wie immer an diesem Tag festlich beleuchtet gewesen, gefüllt mit Besuchern aus Berlin, Deutschland und der ganzen Welt. Es hätte ein Büfett mitgebrachter Leckereien gegeben, riesige Blumensträuße auf der Tafel, auf dem Klavier in der Mitte des Saales, an der Bar und in den Bereichen, wo sich ein Teil der drei- oder vierhundert Gäste unterhalten und vom Tanz erholt hätte. Mona, die Dame des Hauses, hätte wie immer kurz vor Mitternacht alle mit einem Sektglas versorgt, und wie immer hätten alle kurz nach Mitternacht weitergetanzt, einen geschmeidigen Tango-Valse zunächst, bevor die schnelleren Tangos kämen und die Neo-Tangos und die Non-Tangos, für die das Tango-Loft berühmt ist, nicht nur an diesem Tag und nicht nur in Berlin.

Am 31. Dezember 2020 existierte das Tangoloft nicht mehr. Der Saal war bereits im Sommer, als ich Mona besuchte, voller Spinnweben. Wir starrten schweigend in den leeren Raum, den Mona seit zehn Jahren Wochenende für Wochenende in ein rauschendes Fest verwandelt hatte. Ich gehörte zu den Gästen, die schon am Anfang dabei waren, regelmäßig kamen und manchmal bis zum Schluss blieben, wenn es nur noch zehn oder sechs Leute gab, zwei, die sich auf dem Sofa küssen, zwei, die sich betrinken, und zwei, die noch tanzen. Im Sommer war es dann schon hell auf dem Heimweg.

Das Tangoloft war Monas Leben. Sie war als Tänzerin dazu gekommen, zur Milonga, so heißen die Tango-Bälle, die Henning seit 2000 veranstaltete, damals noch in einem kleineren Saal einen Häuserblock entfernt. Mona, die Design studierte, übernahm bald die Ausgestaltung, baute den Bar- und Restaurantbetrieb aus, sprang ein als DJ. Irgendwann verbanden die meisten Gäste das Tangoloft mit Henning *und* Mona, die ihren Plan, als Modedesignerin zu arbeiten, längst aufgegeben und im Loft einen Verkaufsraum für selbstentworfene Kleider eingerichtet hatte. Das Leben lief super für Mona. Das Glück sprang aus ihren Augen auf jeden, den sie ansah. Sie war die hochgewachsene, schlanke Milonguera, die vitale Königin der berühmtesten Milonga in Berlin, die mit jedem Jahr schöner wurde.

Nach dem Lockdown am 22. März überlebte das Tangoloft einige Monate durch Spenden und den Rückgriff auf Gespartes. Aber die Saalmiete war zu hoch, um sie monatelang ohne Einnahmen zahlen zu können. Milongas, das war allen klar, würden als letztes wieder erlaubt werden, wenn die Kinos schon wieder voll sind, wenn die Buchläden wieder Lesungen haben, wenn in den Clubs längst wieder der Bass brummt. Denn die Milonga ist *der* Superspreader. Wenn es gut läuft, nimmt man in zwei, drei, vier Stunden fünf bis zehn Partnerinnen in die Arme, die vorher oder danach ebenfalls fünf bis zehn Partnern in den Armen liegen, die ebenfalls und so weiter. Kein Hygiene-Konzept versprach hier Rettung. Es reichte ja nicht, die Besucher zu verpflichten, als Paar zu kommen und nur miteinander zu tanzen; sie hätten es auch mit zwei Metern Abstand zum nächsten Paar tun müssen und immer auf der gleichen Stelle, statt wie üblich im Kreis durch den Saal. Wer hat auf sowas Lust?

Ohne Frage, Mona gehörte zu den Kulturschaffenden, die keinerlei Argumente gegen ihr ‚Berufsverbot' vorbringen konnten. Sie hätte das Virus selbst in Frage stellen müssen, die ganze Pandemie. Aber unglückliche Umstände zu einer politischen Haltung aufzubauschen, das passt nicht zu ihr. Sie hoffte auf den Unternehmerlohn und nahm ihr Schicksal mit Galgenhumor: Von der bejubelten Salondame zur Hartz 4-Empfängerin in weniger als einem Jahr; und dabei habe ich alles richtig gemacht.

Ja, es gab geheime Milongas, die hier und da in der Stadt, zumeist unter freiem Himmel, wie Flashmobs mit Ghettoblaster auftauchten und sich rasch auflösten, wenn Polizei im Anmarsch war. Auf manchen durfte man nur mit einer oder einem (mitgebrachten) Partner/in tanzen. Zu anderen konnte man allein kommen. Es erinnerte mich ein bisschen an meine erste Reise nach Buenos Aires, im Dezember 2004, wo es dann kaum Tango gab, weil kurz zuvor ein Brand in einem Nachtclub viele Todesopfer gefordert hatte. Da auch die meisten anderen Clubs und Säle feuerpolizeilich nicht in Ordnung waren, wurden alle Veranstaltungen in geschlossenen Räumen verboten. Bald gab es illegale Milongas, an den üblichen Orten, die man nun durch die Hintertür betrat, oder in großen Wohnungen, angemietet von reichen Tangotouristen. Aber das war anders als jetzt. Damals riskierte man nur, von der Staatsgewalt erwischt zu werden. Jetzt konnte einen auch das Virus erwischen. Das erhöhte die Spannung ungemein. Man tanzte immer am Abgrund, in jenen lauwarmen Nächten des Sommers 2020. Der Tango, den meine Frau gern als pseudo-existentiellen Kitsch bezeichnet, war mit einem Schlag ehrlich geworden.

Albert Camus beschreibt in seinem Roman *Die Pest* die Feierseligkeit der in der Stadt Eingeschlossenen. Tanz auf dem Vulkan. Man verglich es mit den Partys, die Berlin im Oktober als Stadt des Leichtsinns und der Anarchie in die Schlagzeilen brachten. Aber diese Feiernden waren keineswegs fröhlich-zynische Apokalyptiker, denn ihnen, den Jungen, konnte das Virus ja nicht viel anhaben. Vielmehr klagten sie ihre Jugend ein gegenüber den Älteren, deren Status als Risikogruppe ihnen so egal war wie diesen der Zustand, in dem sie ihnen die Erde hinterließen. Hinter dem selbstgefälligen Ungehorsam verbarg sich ein handfester Generationskonflikt.

Nur ein Jahr zuvor, auf den *Fridays for Future*-Protesten, hatten die Jungen den Älteren vorgeworfen, sich wie Tanzende auf einem sinkenden Schiff zu benehmen, die dann aber gar nicht im kalten Wasser ertrinken, sondern noch rechtzeitig eines natürlichen Todes sterben. Das unsolidarische Feiern der Jungen war auch ein Akt des politischen Protests, auf den sie ebenso eigensinnig bestanden wie die Ok-Boomer auf ihren SUV. Ein Protest mit vielen Kollateralschäden, der selbst offenbar schon unter Alkoholeinfluss beschlossen wurde, denn es war ja nicht so, dass die Kosten noch höherer Staatsverschuldung im Falle eines weiteren Lockdowns nicht vor allem sie, die fröhlichen Protestler, würden tragen müssen.

War es empirisch belegbar, dass insbesondere die jungen Leute sich den epidemiologischen Anstrengungen widersetzten? Gewiss, man hatte schon mal mehr als zwei, drei Jugendliche maskenlos beieinander gesehen. Aber war es wirklich nur dieser Teil der Bevölkerung? Und müsste man nicht selbst dann diesen Regelverstoß am mildesten von allen bewerten? Fakt war: Die Mahnung zum disziplinierten Feiern hatte nicht nur bei den jungen Leuten wenig Aussicht auf Erfolg. Beim Alkohol hört der Spaß auf, und zwar für alle. Wie auch nicht! Erst traktierte man die Bürger mit Maskenpflicht und Reiseverbot, nahm ihnen die Konzerte und Tanzveranstaltungen, erwartete gar, jedenfalls in Spanien und Japan, dass sie in den öffentlichen Verkehrsmitteln still sind wegen der Ausbreitung der Aerosole beim Sprechen, und jetzt sollten sie auch noch bei der letzten Affektentladung, die ihnen blieb, an sich halten? Wie heißt es so schön: Wer mit 20 kein Anarchist ist … Nein, das epidemiologisch sichere Feiern ist so absurd wie ein stiller Karneval und wäre nur möglich, betriebe man es als Stachelschwein: mit gebührendem Abstand, um sich nicht gegenseitig weh zu tun (so eine Parabel des Philosophen Arthur Schopenhauer vor 170 Jahren). Und ab einer Stachellänge von einem Meter geht dann vielleicht sogar Tanz ohne Maske.

Der Staat glaubte selbst nicht daran und verkürzte im Oktober vorsichtshalber die Öffnungszeiten der nächtlichen Alkoholverteiler. Auch wenn die Gerichte dem zunächst widersprachen, die Botschaft war klar: Das einsame Trinken war fortan Ausdruck der Solidarität. Als dann im November der neue Lockdown kam, blieb ohnehin nicht mehr als dies. Und genau so lautete die Botschaft der Videoclips, die von der Bundesregierung damals unter dem Hashtag #besonderhelden lanciert wurden. Berichte aus der Zukunft über das Heldentum jener Tage, als wir uns im Kampf gegen Corona befanden und es darum ging durchzuhalten mit der Stubenhockerei: „Tage- und nächtelang blieben wir auf unserem Arsch zu Hause und kämpften gegen die Ausbreitung des

Corona-Virus. Unsere Couch war die Front, und unsere Geduld war die Waffe"[66]. Es war das ironische Nachwort zur Kriegsrhetorik im März und das Versprechen, dass in der neuen Erinnerungskultur auch jene einen Platz erhalten, die keinen Mut gezeigt haben, sondern Geduld. Und es war allen klar, die eigentliche Heldentat bestand nicht darin, Couch-Potato zu sein, sondern, es ohne Folgen gewesen zu sein. Schon im April zirkulierte im Internet ein Meme, das links Michelangelos *David* zeigte und rechts in gleicher Pose eine völlig verfette Figur mit dem Namen *Covid.*

Corona infizierte alles: Den Tango, das Trinken, das Reisen. Selbst das Heiraten stand unter einem anderen Stern, wie der Fall Anfang September in Hamm zeigte, als eine Großhochzeit mit mehr als 300 Gästen die Stadt zum Ort mit der höchsten Rate an Neuinfektionen in ganz Deutschland machte. Die Folgen trafen alle Einwohner: Neue Kontaktbeschränkungen, Maskenpflicht an Schulen auch im Unterricht, Absage von Sportveranstaltungen, weitere Verluste für die Gewerbetreibenden, möglicherweise Corona-Tote, die nicht einmal zur Hochzeit eingeladen waren. Schweißt so etwas zusammen? Ist es der erste Schritt zur baldigen Scheidung? Phänomene des Corona-Alltags; unendlich viel Roman- und Filmstoff.

Mindestens eine Kurzgeschichte hätte ein alter Schulfreund verdient, der die Frau, in die er sich ein Jahr nach der Scheidung gerade verliebt, nur am Bildschirm treffen kann. Denn seine Kinder gehen in die Schule, ihre aber nicht, was diesen erlaubt, die Großeltern zu sehen, und tödlich enden könnte, sollten seine Kinder das Virus nach Hause bringen und er es an die Frau weitergeben. So frühstücken beide in Abstimmung mit den Zeitplänen der Kinder und Großeltern nur alle drei, vier Wochen zusammen, obwohl sie fast Nachbarn sind. Selbst Silvester feierten sie aus epidemiologischer Vernunft per Zoom. Das Beispiel steht für viele, denn jede Freiheit des einen schränkt plötzlich ganz anders die des anderen ein. Man weiß es von den Besuchen bei den Eltern, die nun viel mehr verlangen, als ihnen ein paar Stunden des eigenen Lebens zu widmen: Will man sie wirklich schützen, muss man im Grunde eine ganze Quarantänedauer lang sein Sozialleben auf sie einstellen.

Noch die unscheinbarsten Handlungen nahmen plötzlich ein enormes Gewicht an. Die Tochter eines Bekannten wollte Möbel in unserem Keller zwischenlagern, bis ihre Wohnung bezugsfrei war. Kein Problem; natürlich geht das. Tage später stehen die Leute von der Umzugsfirma im Wohnzimmer, um den Sessel einzupacken, der nicht in den Keller gepasst hatte. Von Mundschutz keine Spur. Ob sie mal die Toilette benutzen dürfen. Aus heiterem Himmel muss man sich fragen, wer man eigentlich ist. Der Typ, der sagt: Kommen Sie mit Maske wieder? Der Typ, der hofft, dass es diesmal schon gut geht? Der Typ, dem all die Vorsicht und Angst zum Himmel stinkt? Und was sagt die Frau dazu? Oder sagt man es ihr besser gar nicht?

Im neuen Jahr dann war schon wieder alles anders. So wie viele es erwartet hatten. Die Zahlen waren nicht gesunken, der Lockdown musste verlängert und verschärft werden. Der Unmut nahm weiter zu und noch immer hätte ich keine Antwort gehabt für die alternative Sonntagsfrage, wem ich alle Macht des Landes geben würde, die Gesellschaft durch die Pandemie zu bringen: Der Virologin, dem Wirtschaftsvertreter, dem Politiker, der weitermachen will, oder der Politikerin, die aufhören wird.

Nein, klagen will ich nicht. Auch wenn die Ungeduld längst angekommen war. Was waren schon meine Opfer gegenüber denen von Mona oder dem geschiedenen Schulfreund! Dass ich ein ganzes Jahr lang nicht Tango tanzen konnte? Dass alle Lesungen zu meinem neuen Buch abgesagt worden waren, wie auch all die Vorträge und Konferenzen, die etwas Geld und Kontakte eingebracht hätten? Dass ich meine Studenten und Kolleginnen nur noch am Bildschirm sah? Dass wir in den USA nicht mehr wie geplant alte Freunde besuchen konnten, alt genug, dass die Gefahr besteht, sie nie wieder zu sehen? Dass wir 2020 nicht nach Rio reisen konnten? Wie sehr auch immer das Virus ihre Pläne durcheinanderbringen mag, Leseratten, die vom Bücherschreiben leben, leiden nicht wirklich am Lockdown, nicht finanziell, nicht mental. Und wenn das Buch, das sie schreiben, vom Internet handelt, statt von Deckenfresken im italienischen Barock, lässt sich nicht einmal die Behinderung der Forschung als Verlust verbuchen. Was weiß man da von Corona!

Was weiß man von Corona, wenn man nicht achtzehn ist und nach der Abiturprüfung zuhause rumsitzt, statt endlich los zu leben! Schmerzt ein verlorenes Jahr nicht umso mehr, wenn man gerade erst anfängt? Aber was weiß man von Corona, wenn man nicht achtzig ist und gerade um die letzte Weltreise gebracht wurde, die vielleicht noch möglich war! Und was weiß man von Corona, wenn man nicht neunzig ist und im Pflegeheim die Kinder und Enkelkinder nicht empfangen kann. Was weiß man, wenn man kein alleinerziehender Vater ist, der sein Home-Office mit dem Home-Schooling des Sohnes synchronisieren muss. Wenn man keine Ärztin oder Krankenpflegerin ist, die sich Sorgen macht um die Ressourcen ihre Station und ihrer selbst. Wenn man kein Restaurantbesitzer ist, keine Kinobetreiberin, kein Obdachloser. Wenn man keine überzeugte Single ist, die sich nun in eine feste Beziehung gedrängt sieht. Wenn man niemanden aus der Verwandtschaft oder Bekanntschaft an das Virus verlor, nicht ans biologische, nicht ans infodemische, aber auch niemanden davon wirklich vermisst zum Weihnachtsfest, das man schon immer lieber in der Kernfamilie überstand: nur sie und ich und der Hund.

Nichts, fasst gar nichts, weiß man dann von Corona. Das ist der Vorbehalt, ohne den dieses Buch nicht enden soll.

Anmerkungen

1 Aus einem Geschichtsbuch in unbestimmter Zukunft.

2 Marshall McLUHAN, „Das Medium ist die Botschaft“, in: ders., *Die magischen Kanäle. Understanding Media,* Dresden–Basel 1995, S. 21–43, hier: 33.

3 Ein Teil der Betrachtungen in Kapitel eins bis drei erschien zuvor in Zeitungsartikeln: „Die Corona-Krise pflügt unsere Gesellschaft um“ (20. April, *NZZ*); „Treffen sich ganz viele Smartphones“ (11. Mai, *ZEIT ONLINE*); „Die Befreiung des Optisch-Unbewussten“ (25. Mai, *NZZ*).

4 Ivan KRASTEV, *Ist heute schon morgen? Wie die Pandemie Europa verändert,* Berlin 2020, S. 13.

5 Bitkom-Präsident Achim BERG in der Pressemitteilung: „Bitkom zur Digitalisierung der Schulen nach Corona“ vom 6. Mai 2020 (www.bitkom.org/Presse/Presseinformation/Bitkom-zur-Digitalisierung-der-Schulen-nach-Corona [alle zitierten Internetquellen wurden zuletzt abgerufen am 10. Januar 2021 – R.S.]).

6 Offener Brief: „Zur Verteidigung der Präsenzlehre“, initiiert von Germanistik-Professor/innen am 8. Juni 2020 (www.praesenzlehre.com).

7 Die Digitalisierung der Bildung und deren Folgen sind ein komplexes Thema, das eine ausführliche Behandlung verlangt. Ich unternehme dies in meinem Buch *Digitale Revolution und Bildung. Für eine zukunftsfähige Medienkompetenz,* Weinheim 2020.

8 Renzo PIANO, in: *#iorestoacasa con il MAXXI,* 31. März 2020 (www.youtube.com/watch?v=ZhHaxpdZlKQ&feature=emb_logo). Vgl. die Textsammlung zu den Chancen der Krise von Birgit LIEBOLD und Jonas ZIPF (Hg.), *Inne halten: Chronik einer Krise. Jenaer Corona-Gespräche,* Berlin 2020.

9 Siegfried KRACAUER, „Langeweile“, in: ders., *Das Ornament der Masse,* Frankfurt am Main 1963, S. 321–325, hier: 322.

10 Hartmut ROSA, *Unverfügbarkeit*, Wien 2020. Rosa war ein viel begehrter Gesprächspartner im Jahr 2020 in Rundfunk und Presse.

11 Hartmut ROSA, „Pfadabhängigkeit, Bifurkationspunkte und die Rolle der Soziologie. Ein soziologischer Deutungsversuch der Corona-Krise", in: *Berliner Journal für Soziologie*, Nr. 30 (2020), S. 191–213.

12 Institut für Gesellschaftsanalyse & Friends (Hg.), „Ein Gelegenheitsfenster für linke Politik? Wie weiter in und nach der Corona-Krise", in: *Luxemburg Gesellschaftsanalyse und linke Praxis*, April 2020.

13 Vgl. beispielhaft die Forderung einer Reichensteuer im März durch Bremens Bürgermeister Andreas Bovenschulte von der SPD (Jürgen THEINER, „Bovenschulte will Lastenausgleich", in: *Weser Kurier*, 29. März 2020; www.weser-kurier.de/bremen/bremen-stadt_artikel,-bovenschulte-will-lastenausgleich-_arid,1905376.html) und im Dezember im *Tagesspiegel* (Harald SCHUHMANN, „Deutschland braucht eine Abgabe für Superreiche", in: *Tagesspiegel*, 29. Dezember 2020; www.tagesspiegel.de/politik/staatsverschuldung-in-der-coronakrise-deutschland-braucht-eine-abgabe-fuer-superreiche/26753740.html) sowie den Vorschlag einer Solidaritätsabgabe auf Aktiengewinne in der *Frankfurter Rundschau* (Stephen HEBEL, „Krankheit mit System: Welche Probleme die Corona-Pandemie in Deutschland offenbart", in: *Frankfurter Rundschau*, 30. Dezember 2020; www.fr.de/meinung/kommentare/krankheit-mit-system-90154436.html). Zur Vergesellschaftung der Krankenhaus- und Pflegekonzerne, zum Lastenausgleich und Mietenmoratorium vgl. „Ein Gelegenheitsfenster für linke Politik", S. 18, 22 und 21.

14 „Experten fordern, jede zweite Klinik zu schließen", in: *SPIEGEL*, 15. Juli 2019 (www.spiegel.de/gesundheit/diagnose/krankenhaeuser-experten-fordern-jede-zweite-klinik-zu-schliessen-a-1277348.html); vgl. die zu Grunde liegende Studie der Bertelsmann Stiftung: „Eine bessere Versorgung ist nur mit halb so vielen Kliniken möglich" (www.bertelsmann-stiftung.de/de/themen/aktuelle-meldungen/2019/juli/eine-bessere-versorgung-ist-nur-mit-halb-so-vielen-kliniken-moeglich).

15 Stephan LESSENICH, „Allein solidarisch? Über das Neosoziale an der Pandemie", in: Michael VOLKMER, Karin WERNER (Hg.), *Die Corona-Gesellschaft. Analysen zur Lage und Perspektiven für die Zukunft*, Bielefeld 2020, S. 177–184.

16 Manifest von internationalen Wissenschaftler/innen: „Die Zukunft der Arbeit nach Corona" vom 15. Mai 2020 (www.zeit.de/kultur/2020-05/wirtschaften-nach-der-pandemie-demokratie-dekommodifizierung-nachhaltigkeit-manifest).

17 „Ein Gelegenheitsfenster für linke Politik?", S. 4 und 16.

18 *Politische Soziologie der Corona-Proteste*, quantitative, explorative Studie von Oliver NACHTWEY, Robert SCHÄFER, Nadine FREI am Institut für Soziologie der Universität Basel, Auswertungspapier vom 17. Dezember 2020, S. 52.

19 G. W. F. HEGEL, *Grundlinien der Philosophie des Rechts*, § 324. Vgl. Hegel Werkausgabe, Band 3: *Phänomenologie des Geistes*, Frankfurt am Main 1986, S. 335: Um die isolierten Gemeinwesen innerhalb des Staates nicht „festwerden, hier durch das Ganze auseinanderfallen und den Geist verfliegen zu lassen, hat die Regierung sie in ihrem Innern von Zeit zu Zeit durch die Kriege zu erschüttern". Das Folgezitat ebenda.

20 Weihnachtsansprache des Bundespräsidenten Frank-Walter STEINMEIER, 25. Dezember 2020 (www.bundespraesident.de/SharedDocs/Reden/DE/Frank-Walter-Steinmeier/Reden/2020/12/201225-Weihnachtsansprache.html).

21 Zur Prophezeiung vgl. Carsten BROSDAS, *Ausnahme/Zustand: Notwendige Debatten*, Hamburg 2020; zum Zweifel vgl. Georg SEESSLEN, *Coronakontrolle: Nach der Krise, vor der Katastrophe*, Wien 2020. Beide Positionen finden sich vielfach variiert in VOLKMER, WERNER, *Die Corona-Gesellschaft*.

22 Theodor W. ADORNO, „Über Technik und Humanismus", in: ders, *Gesammelte Schriften*, Band 20, Vermischte Schriften I, Frankfurt am Main 2003, S. 310–217, hier: 316.

23 Ethik-Kommission Automatisiertes und vernetztes Fahren, Bericht Juni 2017, S. 2 (www.bmvi.de/SharedDocs/DE/Publikationen/DG/bericht-der-ethik-kommission.pdf?__blob=publicationFile).

24 Weihnachtsansprache des Bundespräsidenten.

25 Monika DITTRICH, „Wie in Hessen der Datenschutz erfunden wurde", in: *Deutschlandfunk Kultur*, 07. Oktober 2020 (www.deutschlandfunk.de/eine-idee-wird-50-wie-in-hessen-der-datenschutz-erfunden.724.de.html?dram:article_id=485411).

26 Die Forderung, von Südostasien zu lernen, erhebt zum Beispiel die ZEIT-Journalistin Vanessa Vu (in der ZEIT ONLINE Kolumne am 24. November 2020 und in der Anne Will-Talk-Show am 29.

November 2020). Die Äußerung der Bundeskanzlerin stammt vom Digital-Gipfel 2020 am 1. Dezember (www.de.digital/DIGITAL/Redaktion/DE/Digital-Gipfel/Video/2020/20201201-digital-gipfel-forum-a-tag2-1325-merkel-interview.html).

27 https://www.thetimes.co.uk/article/contact-tracing-data-harvested-from-pubs-and-restaurants-being-sold-on-s0d85mkrr

28 Shauna M. RICE, Emmy GRABER, Arianne Shadi KOUROSH, „A Pandemic of Dysmorphia: ‚Zooming' into the Perception of Our Appearance", in: *Facial Plastic Surgery & Aesthetic Medicine*, Vol. 22, Nr. 6 (Dezember 2020), S. 401–402.

29 Für eine Kritik dieser Erstellung individueller „Productivity Scores" mittels der Analyse-Tools von Microsofts Office 365 vgl. Serafin DINGES, „Überwachung des Verhaltens Angestellter soll beschränkt werden", *Netzpolitik.org*, 2. Dezember 2020 (https://netzpolitik.org/2020/microsoft-office-365-ueberwachung-des-verhaltens-angestellter-soll-beschraenkt-werden).

30 https://shouldthisexist.com/rana-el-kaliouby/

31 Georg SIMMEL, „Das Geheimnis. Eine sozialpsychologische Skizze", in: *Der Tag*, No. 626, 10. Dezember 1907, Erster Teil (http://socio.ch/sim/verschiedenes/1907/geheimnis.htm).

32 „Was durch das *Geld* für mich ist, was ich zahlen, d. h., was das Geld kaufen kann, das *bin ich*, der Besitzer des Geldes selbst. So groß die Kraft des Geldes, so groß ist meine Kraft. Die Eigenschaften des Geldes sind meine – seines Besitzers – Eigenschaften und Wesenskräfte. Das, was ich *bin* und *vermag*, ist also keineswegs durch meine Individualität bestimmt. Ich *bin* häßlich, aber ich kann mir die *schönste* Frau kaufen. Also bin ich nicht *häßlich*, denn die Wirkung der *Häßlichkeit*, ihre abschreckende Kraft ist durch das Geld vernichtet …" Karl MARX, „Ökonomisch-philosophische Manuskripte", in: MEW, Band 40, Berlin (DDR) 1968, S.465–588, hier: 564.

33 Scaachi KOUL, „Jeffrey Toobin Can't Be The Only Person Masturbating On Work Zoom Calls", in: *BuzzFeed*, 20. Oktober 2020 (www.buzzfeednews.com/article/scaachikoul/jeffrey-toobin-zoom-incident-new-yorker).

34 „I want to assure everyone that we take workplace matters seriously. We are committed to fostering an environment where everyone feels respected and upholds our standards of conduct." (https://nypost.com/2020/11/11/the-new-yorker-fires-jeffrey-toobin-after-probe-into-zoom-masturbation-scandal)

35 Katharine ROSMAN, Jacob BERNSTEIN, „The Undoing of Jeffrey Toobin", in: *New York Times*, 15. Dezember 2020 (www.nytimes.com/2020/12/15/style/jeffrey-toobin-zoom.html). Im Original: „ It is the Zoom equivalent of taking an inappropriately long lunch break, having sex during it and getting stumbled upon".

36 Vgl. Microsofts Anmeldung eines Patents zur Beobachtung der Körpersprache und des Gesichtsausdrucks der Angestellten im Juli 2020, das es, so die Auskunft gegenüber der BBC, jedoch nicht unbedingt einzusetzen beabsichtige („Microsoft files patent to record and score meetings on body language", *BBC*, 1. Dezember 2020, www.bbc.com/news/technology-55133141; zum Patent: http://appft.uspto.gov/netacgi/nph-Parser?Sect1=PTO1&Sect2=HITOFF&d=PG01&p=1&u=%2Fnetahtml%2FPTO%2Fsrchnum.html&r=1&f=G&l=50&s1=%2220200358627%22.PGNR.&OS=DN/20200358627&RS=DN/20200358627).

37 Viktoria MORASCH, „Warum so glücklich?" in: *ZEIT ONLINE*, 13. Mai 2020 (www.zeit.de/2020/21/stimmungs-kurven-corona-krise-entschleunigung-stressabbau-ruhe-glueck).

38 Vivek WADHWA, Tarun WADHWA, „7 Reasons Why Silicon Valley Will Have a Tough Time With the Biden Administration. The coziness between Washington and Big Tech is over", in: *Foreign Policy*, 28. Dezember 2020 (https://foreignpolicy.com/2020/12/28/biden-big-tech-silicon-valley-regulation).

39 Philipp MANOW, *(Ent-)Demokratisierung der Demokratie*, Berlin 2020, S. 24.

40 Ebenda, S. 165.

41 James VINCENT, „Zoom cancels talk by Palestinian hijacker Leila Khaled at San Francisco State University", in: *The Verge*, 24. September 2020 (www.theverge.com/2020/9/24/21453935/zoom-facebook-youtube-cancel-talk-leila-khaled-san-francisco-state-university); Lynn MAHONEYs Schreiben an die Universitätsmitglieder, „Academic Freedom Debate Continues", 23. September 2020 (https://president.sfsu.edu/message-president/academic-freedom-debate-continues).

42 *Nordwest-Zeitung* aus Oldenburg, 27. November 2020.

43 Ich unternehme dies anderswo wie zuletzt in meinen Büchern *Sozialmaschine Facebook. Dialog über das politisch Unverbindliche* (zusammen mit Ramón REICHERT, Berlin 2019), *Todesal-*

gorithmus. Das Dilemma der künstlichen Intelligenz (Wien 2020) und *Digitale Revolution und Bildung.*

44 „Ein Gelegenheitsfenster für linke Politik?", S. 4 und 16.

45 By David J. ROTHKOPF, „When the Buzz Bites Back", in: *Washington Post,* 11. Mai 2003 (https://www.washingtonpost.com/archive/opinions/2003/05/11/when-the-buzz-bites-back/bc8cd84f-cab6-4648-bf58-0277261af6cd/).

46 Vgl. die Kritik des Virologen Alexander KEKULÉ im Deutschlandfunk am 16. November 2020 (www.deutschlandfunk.de/kekule-zu-corona-beschraenkungen-wir-brauchen-ein.694.de.html?dram:article_id=487588). Schnelltests durch Apotheken wurden in Deutschland erst Ende Dezember möglich.

47 https://www.thieme-connect.de/products/ejournals/pdf/10.1055/a-1174-6591.pdf und https://www.youtube.com/watch?v=zQIHP2fmmns

48 Dieser Verweis und Vorwurf an den Gesundheitsminister bei Nikil MUKERJI, Adriano MANNINO, *Covid-19: Was in der Krise zählt. Über Philosophie in Echtzeit,* Stuttgart 2020, S. 41. Für die erwähnte Faustregel vgl. ebenda, S. 13.

49 Tom WOHLFARTH, „Wir haben politisch krass versagt. Ein Gespräch mit den Risikoethikern Adriano Mannino und Nikil Mukerji", in: *TAZ,* 26. Dezember 2020 (https://taz.de/Risikoethiker-ueber-Triage-in-Pandemie/!5735983).

50 Sowohl die Basler Studie *Politische Soziologie der Corona-Proteste* als auch die Leipziger Autoritarismus-Studie (Oliver DECKER, Elmar BRÄHLER [Hg.], *Autoritäre Dynamiken: Alte Ressentiments – neue Radikalität,* Giessen 2020) vermerken eine starke Offenheit der „Querdenker:innen" beziehungsweise „Hygiene-Demonstrationen" zu Verschwörungstheorien.

51 Giorgio AGAMBEN, „The state of exception provoked by an unmotivated emergency", 26. Februar 2020 (http://positions-politics.org/giorgio-agamben-the-state-of-exception-provoked-by-an-unmotivated-emergency). Vgl. Slavoj Žižeks Kritik an Agambens Position in: Slavoj ŽIŽEK, *Pandemie! COVID-19 erschüttert die Welt,* Wien 2020, S. 61–63, sowie den Überblick bei Christoph HUBATSCHKE, „Agamben IV: Wessen Freiheit auf wessen Kosten?", in: *Die Bresche,* 19. April 2020 (www.diebresche.org/agamben-wessen-freiheit-auf-wessen-kosten).

52 Die Studie *Politische Soziologie der Corona-Proteste* ergibt, dass es sich trotz mentaler und sozialer Diversität „innerhalb der

Bewegung der Corona-Kritiker:innen und Querdenker:innen […] mehrheitlich um gebildete Angehörige der Mittelschicht handelt.“ (NACHTWEY, SCHÄFER, FREI, *Politische Soziologie der Corona-Proteste*, S. 51)

53 Michael BLUME, „Querdenken 2020: Der neue Süd-Nord-Konflikt“, in: *Bätter für deutsche und internationale Politik*, Heft 12/2020, S. 69–74.

54 Giorgio Agamben ist ein Beispiel, ein anderes wäre Colin Crouchs Konzept der „Postdemokratie“, wonach die Wirtschaftslobby auf den Hinterbühnen der Politik die eigentlichen Entscheidungen trifft (Stephan LESSENICH, „Die Dialektik der Demokratie. Grenzziehungen und Grenzüberschreitungen im Wohlfahrtskapitalismus“, in: Hanna KETTERER, Karina BECKER [Hg.], *Was stimmt nicht mit der Demokratie?*, Berlin 2019, S. 121–138, hier: 122).

55 Vgl. Annett MÄNGEL, „Corona: Ärzte gegen die Aufklärung“, in: *Bätter für deutsche und internationale Politik*, Heft 12/2020, S. 61–68.

56 Carsten Brosda spricht offenbar nicht für die Ostdeutschen, wenn er im Kapitel *Die Angst vor dem Kontrollverlust* seiner Corona-Analyse schreibt: „Unsere vielfach in einzelne, je ihren eigenen Logiken gehorchende Bereiche parzellierte Gesellschaft muss erleben, dass ihr bislang beinahe reibungslos wirkendes Funktionieren fundamental in Frage gestellt wird.“ (BROSDAS, *Ausnahme/Zustand*) Die Studie *Politische Soziologie der Corona-Proteste* macht keine Aussage zum Ost-West-Verhältnis der Querdenker:innen, die Leipziger Autoritarismus-Studie registriert für Ostdeutschland eine wesentlich höhere Disposition für Verschwörungstheorien (51,4%) als für Westdeutschland (35,3%), was sich auch hinsichtlich der Verschwörungstheorien zur Corona-Pandemie spiegelt (DECKER, BRÄHLER, *Autoritäre Dynamiken*, S. 202 und 299). Zugleich notiert diese Studie eine leicht geringere Zufriedenheit der Ostdeutschen mit der bundesdeutschen Demokratie und ihren Institutionen (S. 98).

57 Theodor W. ADORNO, „Theorie der Halbbildung“, in: ders., *Gesammelte Schriften*, Band 8, Soziologische Schriften I, Frankfurt am Main 1972, S. 93–121: 102 und 115.

58 75 Prozent der Teilnehmer an der Studie *Politische Soziologie der Corona-Proteste* sind über 38 Jahre, weniger als 10 Prozent sind unter 30 Jahre (NACHTWEY, SCHÄFER, FREI, *Politische*

Soziologie der Corona-Proteste, S. 6). Diesem Befund scheint das Ergebnis der Leipziger Autoritarismus-Studie allerdings zu widersprechen, wonach sich (entgegen dem Eindruck, den die Bilder von Corona-Protesten ergeben) die Disposition für Verschwörungstheorien in den Altersgruppen <24 Jahre (19%), 25–44 (24,55%) und 45–65 (19,8%) nicht signifikant voneinander unterscheidet (DECKER, BRÄHLER, *Autoritäre Dynamiken*, S. 290).

59 Bruno LATOUR, „Why Has Critique Run Out of Steam? From Matters of Fact to Matters of Concern", in: *Critical Inquiry* 30/2, Winter 2004, S. 225–248, hier: 230 („Of course conspiracy theories are an absurd deformation of our own arguments [die Relativierung von Wahrheit in der Wissenschaftskritik – R.S.], but, like weapons smuggled through a fuzzy border to the wrong party, these are our weapons nonetheless. In spite of all the deformations, it is easy to recognize, still burnt in the steel, our trademark: Made in Criticalland."). Torben LÜTJEN: „Populismus oder die entgleiste Aufklärung", in: *FAZ*, 15. Januar 2019 (www.faz.net/aktuell/politik/die-gegenwart/populismus-oder-die-entgleiste-aufklaerung-eine-begriffsbestimmung-15975253.html). Volker HEINS bestimmt Verschwörungstheoretiker in Absetzung zu Gegenaufklärung und Aberglaube als „hyper-rationalists" („Critical theory and the traps of conspiracy thinking", in: *Philosophy & Social Criticism*, 33 [2007], S. 787–801, hier: 790).

60 ŽIŽEK, *Pandemie!*, S. 63.

61 Michael C. DESCH, *Power and Military Effectiveness: The Fallacy of Democratic Triumphalism*, Baltimore 2008. Vgl. John DUNN, *Breaking Democracy's Spell*, New Haven 2014, wo der Zweifel an der Problemlösungseffizienz der Demokratie (auch im Falle der Klimakrise) gerade im Vergleich mit China und Indien diskutiert wird.

62 Steven EVITSKY und Daniel ZIBLATT, *How Democracies Die: What History Reveals About Our Future*, New York 2018; David RUNCIMEN, *How Democracy Ends*, London 2018; Yascha MOUNK, *Der Zerfall der Demokratie. Wie der Populismus den Rechtsstaat bedroht*, München 2018 (Cambridge, MA 2018).

63 KRASTEV, *Ist heute schon morgen?*, S. 47 und ders., „Sieben Schlüsse aus der Coronavirus-Krise", in: *ZEIT ONLINE*, 20. März 2020 (www.zeit.de/gesellschaft/2020-03/coronavirus-pandemie-auswirkungen-folgen-panik-wirtschaft-zukunft-europa). Entge-

gen dieser Befürchtung im März sieht Krastev in seinem im Juni erschienen Buch die liberale Demokratie sogar gestärkt gegenüber dem Autoritarismus chinesischer Prägung aus der Pandemie hervorgehen, da gerade die Einschränkung bürgerlicher Freiheiten im Ausnahmezustand deren Unverzichtbarkeit deutlich mache (S. 75). Dieser Meinungswechsel (dessen Aktualität nach dem zweiten Lockdown fraglich ist) unterstreicht, dass Aussagen zu den politischen Folgen der Pandemie ohne zeitliche Distanz nicht über den Status der Spekulation hinausgehen können.

64 Claudia SCHUHMACHER, „Verschwörungstheorien: Die Welt ist verrückt, aber ihr durchschaut sie", in: *ZEIT ONLINE*, 7. Mai 2020 (www.zeit.de/gesellschaft/2020-05/verschwoerungstheorien-coronavirus-who-virologen-internet-familie-aerzte). Die Studie *Politische Soziologie der Corona-Proteste* interpretiert „die gegenwärtige Corona-Dissidenz als Ausdruck einer fundamentalen Legitimationskrise der modernen Gesellschaft" (NACHTWEY, SCHÄFER, FREI, *Politische Soziologie der Corona-Proteste*, S. 61).

65 Niklas LUHMANN, *Protest. Systemtheorie und soziale Bewegungen*, Frankfurt am Main 1999, S. 195. Luhmann vergleicht Protestbewegungen mit dem Immunsystem der Gesellschaft und führt aus: „Das Immunsystem schützt nicht die Struktur, es schützt die Autopoiesis, die geschlossene Selbstreproduktion des Systems." (S. 26) Dass Verschwörungstheoretiker im Jahr 2020 zumeist nicht nur das aktuelle demokratische System ablehnen, sondern die Demokratie an sich, ist das Ergebnis der Leipziger Autoritarismus-Studie (DECKER, BRÄHLER, *Autoritäre Dynamiken*, S. 105f). Ähnlich hält die Studie *Politische Soziologie der Corona-Proteste* fest, dass die Corona-Krise genutzt wird, „einmal zu sagen, dass man eigentlich gegen alles ist" (NACHTWEY, SCHÄFER, FREI, *Politische Soziologie der Corona-Proteste*, S. 60).

66 www.bundesregierung.de/breg-de/themen/coronavirus/besonderehelden-1-1811518

Passagen Thema

Roberto Simanowski

Todesalgorithmus

Das Dilemma der künstlichen Intelligenz

Das dystopische Versprechen der künstlichen Intelligenz ist die Heimkehr in ein Paradies, in dem unsere eigene Schöpfung unser Gott ist und uns das Erkennen und Entscheiden abnimmt.

Algorithmen beherrschen die Welt, so hört man, heute schon und morgen noch viel mehr. Sie sitzen am Steuer selbstfahrender Autos und lenken mehr und mehr gesellschaftliche Prozesse. Wie programmieren wir sie und was passiert, wenn sie sich schließlich selbst programmieren? Die Angst ist so groß wie die Hoffnung und das moralische Dilemma. Dürfen Algorithmen im Ernstfall entscheiden, wer sterben muss? Wird die künstliche Intelligenz dem Menschen den freien Willen nehmen, ihn vor sich selbst schützen und zurück ins Paradies der Entscheidungslosigkeit befördern? Dieses Buch lädt ein zu einer philosophischen Spekulation über unsere Zukunft. Es handelt von den Aporien und Paradoxien der künstlichen Intelligenz. Es vagabundiert im Denken, verbindet das scheinbar Unverbundene und sieht am Ende in den Erfindern des Silicon Valleys nicht mehr und nicht weniger als die Geschäftsführer von Hegels Weltgeist.

Ausgezeichnet mit dem tractatus Essaypreis 2020.